管理学实证研究方法

GUANLIXUE SHIZHENG YANJIU FANGFA

主　编　陈欣欣　张　婷
副主编　杨　露　王嘉馨

图书在版编目(CIP)数据

管理学实证研究方法 / 陈欣欣，张婷主编；杨露，王嘉馨副主编. —武汉：中国地质大学出版社，2025.7. —ISBN 978-7-5625-6260-3

Ⅰ．C93-3

中国国家版本馆 CIP 数据核字第 2025XT0880 号

管理学实证研究方法

| 责任编辑：郑济飞 | 选题策划：谢媛华 | 责任校对：宋巧娥 |

出版发行：中国地质大学出版社（武汉市洪山区鲁磨路 388 号）　　邮编：430074
电　　话：(027)67883511　　传　　真：(027)67883580　　E-mail：cbb@cug.edu.cn
经　　销：全国新华书店　　　　　　　　　　　　　　　　　　　https://cugp.cug.edu.cn

开本：787mm×960mm　1/16　　　　　　　字数：210 千字　　　　印张：10.25
版次：2025 年 7 月第 1 版　　　　　　　　印次：2025 年 7 月第 1 次印刷
印刷：武汉市籍缘印刷厂
ISBN 978-7-5625-6260-3　　　　　　　　　　　　　　　　　　定价：58.00 元

如有印装质量问题请与印刷厂联系调换

前　言

在知识经济时代,管理学作为一门兼具科学性与艺术性的学科,其发展离不开严谨的研究方法支撑。实证研究作为管理学知识创造与验证的核心范式,已成为连接管理理论与管理实践的重要桥梁。面对管理现象的日益复杂与研究范式的快速演进,掌握科学、系统且前沿的实证研究方法,不仅是学术探索的基石,更是提升管理决策质量的关键。《管理学实证研究方法》应运而生,旨在为管理学研究生和本科生以及对管理实证研究感兴趣的研究者和实践者,提供一套体系完整、立足本土、注重实操的方法论指南。

本书凝聚了编者团队多年深耕教学科研一线的经验,广泛汲取了国内外经典与前沿研究成果,尤其注重与中国管理情境和研究实践的紧密结合。本书具有以下鲜明特点。

首先,体系严谨,逻辑贯通。全书分为四部分,遵循管理研究的完整逻辑链条:从问题提出与理论构建(第一部分),到具体研究方法(第二部分),再到测量统计技术(第三部分),最后到成果呈现与发表(第四部分)。这种结构设计全面覆盖整个研究的过程,既符合研究者的思维习惯,也便于读者根据自身研究阶段或兴趣点进行模块化学习。

其次,实践导向,操作明晰。区别于纯理论的方法论著作,本书强调"学以致用"。不仅涵盖实验法、问卷调查法、案例研究等传统研究方法,还深入介绍了调节效应与中介效应检验、因子分析、结构方程模型、多层次理论模型等实用的统计技术。每种方法和技术都有详细的原理阐述与实践操作过程,并阐明其应用逻辑。特别设置的"研究论文的撰写与发表"部分,系统指导从写作规范、投稿到回应的研究论文撰写与发表的全流程。

最后,读者导向,分层适配。本书在编写过程中充分考虑了多元读者的背景差异与学习需求。初学者建议按章节顺序系统化学习;具备一定基础者可直接学习所需章节并深化技能;管理实践者可重点关注案例研究、问卷设计等应用性较强的内容,快速转化为解决实际问题的能力。

管理学实证研究,是一门融合理论与实践的技艺。正如著名管理学家赫伯特·西蒙所言:"管理的本质就是决策,而好的决策需要建立在科学证据基础上。"掌握获取和解读这些"证据"的实证研究方法,是每一位管理学者与实践者不可或缺的素养。我们期望本书能成为读者的得力伙伴,助其系统掌握从研究构思到成果发表的全链条技能,培养严谨求实的学术思维,并最终提升研究的质量与影响力。

在知识更新加速的时代,研究方法亦处于持续演进之中。我们虽已竭力追求内容的全面性与准确性,然学海无涯,疏漏之处在所难免。我们热忱欢迎广大读者、学界同仁不吝赐教,提出宝贵建议,以期未来不断完善。

本书的成稿,得益于众多国内外学者卓越的著作与研究成果的启迪。除已明确标注引用的文献外,部分观点或素材因体例所限未能逐一详列出处,在此一并致以最诚挚的谢意!我们要特别感谢为本书提供宝贵建议的学界同仁,以及允许我们引用其研究成果的专家学者。正是他们的无私分享,才使本书能够以更完整的面貌呈现给读者。

谨以此书,献给所有致力于探索管理真知、推动管理进步的同行者。愿它助您在管理学实证研究的道路上,行稳致远,收获丰盈。

编 者

2025 年 6 月

目 录

第一部分　管理学研究的过程

第一章　管理学研究概述 ································ (3)
 第一节　管理学研究的问题和类型 ························ (3)
 第二节　管理学研究中的实证主义 ························ (5)
 第三节　管理学研究的过程 ······························ (8)
 第四节　管理学研究设计的目标 ·························· (9)
 主要参考文献 ··· (11)

第二章　管理研究问题的提出 ···························· (13)
 第一节　研究问题的特征 ······························· (13)
 第二节　研究问题的来源 ······························· (14)
 第三节　将一般问题转化为研究课题 ····················· (16)
 主要参考文献 ··· (18)

第三章　管理研究中的理论构建 ·························· (19)
 第一节　理论的构成 ··································· (19)
 第二节　理论模型中的变量类型 ························· (21)
 第三节　如何建立理论 ································· (22)
 主要参考文献 ··· (25)

第二部分　管理学研究方法

第四章　实验法 ······································· (29)
 第一节　实验法概述 ··································· (29)

第二节　实验设计 ·· (34)
　　主要参考文献 ··· (42)

第五章　问卷调查法 ··· (44)
　　第一节　沿用现有量表 ·· (44)
　　第二节　自行设计量表 ·· (47)
　　第三节　问卷的设计与发放 ··· (51)
　　主要参考文献 ··· (59)

第六章　案例研究 ··· (61)
　　第一节　案例研究概述 ·· (61)
　　第二节　案例研究的品质 ··· (64)
　　第三节　案例研究的步骤 ··· (67)
　　主要参考文献 ··· (76)

第三部分　管理研究中的测量统计方法

第七章　调节效应和中介效应检验 ·· (81)
　　第一节　调节变量和中介变量的作用 ··· (81)
　　第二节　调节效应检验 ·· (83)
　　第三节　中介效应检验 ·· (87)
　　第四节　调节变量和中介变量的混合效应 ·· (90)
　　主要参考文献 ··· (92)

第八章　因子分析 ··· (94)
　　第一节　因子分析的思想 ··· (94)
　　第二节　探索性因子分析 ··· (97)
　　第三节　验证性因子分析 ··· (98)
　　第四节　两种因子分析的结合使用 ·· (100)
　　主要参考文献 ·· (100)

第九章　结构方程模型 ··· (102)
　　第一节　结构方程模型的基本原理 ·· (102)
　　第二节　建立结构方程模型 ·· (105)
　　第三节　结构方程模型的有效性检验 ··· (107)
　　第四节　结构方程模型的应用 ··· (108)

  主要参考文献 ·· (111)

第十章　多层次理论模型 ·· (112)
  第一节　多层次理论 ·· (112)
  第二节　单位层次构念的数据聚合 ·· (115)
  第三节　多层次研究的统计分析方法 ·· (118)
  第四节　多层线性模型（HLM） ·· (120)
  主要参考文献 ·· (125)

第四部分　管理研究论文的撰写与发表

第十一章　实证论文的写作 ·· (129)
  第一节　管理学实证论文的结构 ·· (129)
  第二节　引言的撰写 ·· (130)
  第三节　文献综述的撰写 ·· (131)
  第四节　理论框架的撰写 ·· (133)
  第五节　研究方法的撰写 ·· (136)
  第六节　数据分析的撰写 ·· (137)
  第七节　研究总结的撰写 ·· (142)
  第八节　理论贡献和实践启示的撰写 ·· (143)
  第九节　研究局限和未来研究方向的撰写 ·· (144)
  第十节　论文的标题、摘要和关键词 ·· (147)
  主要参考文献 ·· (148)

第十二章　论文投稿与发表 ·· (149)
  第一节　论文投稿 ·· (149)
  第二节　外审回应方法 ·· (152)
  主要参考文献 ·· (153)

第一部分
管理学研究的过程

第一章 管理学研究概述

彼得·德鲁克于1946年出版了著名的《公司的概念》一书,该书为管理学科的建立奠定了理论基础。自此,管理学的研究进入到科学的研究范式中。实证主义研究范式是现代管理学研究中的主流研究范式,也是国际通用的研究范式。那么,管理学的实证主义研究应该如何进行呢?本章主要阐述管理学研究的问题和类型,管理学研究中的实证主义,管理学的研究过程,以及管理学研究设计目标。通过本章的学习,期望读者能够对管理学的实证研究有整体的认识。

第一节 管理学研究内容的问题和类型

管理学是一门研究人类社会管理活动中各种现象和规律的科学。随着社会的不断发展,人类从事的管理活动越来越复杂,专业化分工越来越精细,人们逐渐认识到管理学的重要性。企业的兴旺发展必然遵循管理规律,重视培养管理人员,这无疑促进了管理学的发展。那么,什么是管理学呢?管理学就是管理者通过恰当安排对象系统及其要素,高效达成目标的科学。为此,管理学就必须研究管理对象的特征及其演变规律,研究在不同条件下高效达成目标的理论与方法。

一、管理学研究的问题

(1)管理学研究所管理的对象系统(或其构成要素)在新的时空上的特点、状态。例如,反映管理系统特征和管理者所关心的变量取值状况(如比例状况、均值状况、分布状况等)。

(2)管理学研究反映对象系统特征的变量之间的关系及变量值的演变规律。变量之间的相互关系可以分为两类,一类是较为简单的线性相关关系,另一类是较为复杂的非线性相关关系。从另外一个角度,又可把变量之间的关系分为三种情况:第一种情况是变量之间是因果关系,即一些变量是因,另一些变量是果;第二种情况是变量之间是相关关系,虽然若干变量相关变动,但是彼此之间却没有因果关系,而同是另外一个(或一组)变量变化的果;第三种情况是变量之间无任何相关关系。

(3)管理学研究改变对象系统的对策。对策的表现形式主要有制度、法规、条例、措施(如新的组织结构、新的权力分配、新的利益调整、新的监督关系、新的奖惩标准等)。需要强调的是,管理学改变世界的对策,主要来源于管理学研究对象系统特征的变量之间的关系。而诊断的本质,在于精准捕捉研究对象系统在新的时空上的特点和状态——这既是厘清现实脉络的过程,也是确保决策有效性的基石。必须清醒认识到,"情况不明"如同在迷雾中航行,恰是决策失当的深层诱因。

二、管理学研究的类型

管理学研究可以按照不同的标准进行分类。

1. 按照研究目的和性质划分

按照研究目的和性质,可以将管理学研究分为探索性研究、描述性研究和因果性研究。探索性研究倾向于解决以前很少研究或没有研究的新问题,是为了确定问题的性质,进而帮助我们更好地理解问题,而不是为了得出结论和提供最终的解决方案,如研究者从事先期试探性的"有没有"或"是不是"的初步研究。描述性研究是指研究者对研究问题已有初步认识,而对被研究群体或现象的状况、特征和发展做出更仔细的描述,进一步了解研究问题,这种方法更多的是关注现象"是什么"。因果性研究是为了确定变量之间因果关系的程度和性质,当研究者已经认识到现象"是什么"及状况"怎么样",想要进一步了解现象"为什么"是这样时,便可以使用因果性研究的方法。在管理学研究中,一般先进行探索性研究、描述性研究,后进行因果性研究。

2. 按照研究数据收集方式划分

按照研究数据收集方式,将管理学研究分为定性研究和定量研究。定性研究主要是探索性研究,用于了解某种潜在的原因、观点和动机。定性研究也被用来说明某种思想和观点,并深入分析和研究问题。定量研究是通过生成数值数据或转换成统计数据来量化问题,使用可测量的数据来阐明事实和解释研究中的模式。两种研究的转换逻辑是:现象—假说—构念—变量—指标—数据—结果。其中,变量是定性研究转化成定量研究的关键环节。定性研究通过洞察问题所呈现的现象,确定所研究现象的性质、提出假说和构念,这是展开定量研究的基础。因此,定性研究和定量研究是缺一不可的,两者经常配合使用。在管理学研究中,先是少数大师级别的研究者采用定性研究方法开拓一个新的管理研究领域,之后会出现一大批定量研究者来解释、细化、补充和完善这个新领域。

3. 按照时间维度划分

按照时间维度划分,管理学研究还可以分为横截面研究和纵向研究。横截面研究是对某一特定时间的不同组样本进行研究,从而得出有关广泛样本的现象的结论。纵向研究是以时间为主要变量,试图对一组小样本随时间变化和波动进行的深入研究。横截面研究与纵向研究的不同之处在于,前者旨在研究特定时间点的变量,后者则需要采取多种措施对变量进行较长时间的跟踪研究。可以想象,纵向研究往往比横截面研究需要更多的资源并消耗更多的成本和时间。纵向研究也更容易受到选择性损耗的影响,这意味着研究过程中一些参与者比其他参与者更容易退出研究,进而影响研究的有效性。横截面研究能够很好地解决这一问题,因为进行横截面研究时,数据是一次性收集的,参与者在数据得到完全收集之前退出研究的可能性较小。但是,横截面研究没有时间先后顺序,会导致研究结论只能说明相关关系,却不能说明因果关系。因此,研究人员可以综合使用这两种研究方法,使用横截面研究来捕捉潜在的感兴趣的区域,然后进行纵向研究,找出趋势背后的原因。

第二节 管理学研究中的实证主义

一、社会科学中的实证主义取向

20世纪50年代以来,实证主义的思想一直在社会科学(包括管理学)中占有举足轻重的地位。实证主义认为现实世界是客观的,由于客观规律和事实的存在,我们对研究对象可以进行科学的测量,以此来解释、预测变量间的因果关系(Comte,1988)。根据实证主义的研究范式,科学研究大多是从实验或问卷调查中得到数据,然后在统计分析的基础上得出研究结论。实证主义倡导的研究方法大多用于检验预先建立的研究假设或命题。如果得到的数据与研究假设的预期一致,就认为假设是可以接受的;一旦发现与假设判断相反的结果,就有理由拒绝研究假设。所以实证主义更多强调的是理论检验,而不是发展新理论。在实证研究中出现的定性方法大多是为定量分析提供补充信息。

科学研究的核心问题在于判断变量间的因果关系。实证主义的研究范式提出了判断因果关系的3个前提条件:①假设的因与果必须存在某种联系;②因与果之间存在时间顺序的差异,因必须先于果发生;③因与果之间的关系必须是恒定存在的，在果出现时必须伴随因的存在(Cook and Campbell,1979)。条件①和条件③涉及自变量和因变量在现象世界的实际联系。为了满足这一条件，我们通过对变量信息的测量和统计分析，可以就两者之间的关系作出表述和推断。条件②则强调了判断因果关系方向的基本标准，即自变量的变化必须早于因变量的变化。因此，实证主义的观点强调的是因与果之间的紧密联系，以及果对因的依赖。

但在实际研究中，满足这些条件并不一定保证能得到清晰的因果推论。Popper(2005)进一步修订了实证主义的研究范式，他强调推论变量间的因果关系需要我们消除其他可能的各种替代解释。换言之，没有加以控制的无关变量可能会影响观察到的因变量和自变量间的关系，仅仅通过变量间稳定的相关关系并不能确认它们之间的因果联系。正是因为因果关系推论的复杂性，所以假设检验的过程只是一种证伪的过程。我们得到的支持性证据只能证明假设的因果联系并没有被否认。作为对一个复杂社会系统的检验，没有被否认还远不能称为得到证实。由于我们无法在一项研究中控制所有潜在的无关变量，所以一个理论假设在实证研究中只能是得到支持，而不能得到证明。

二、实证研究中的资料收集

在实证研究中，研究者的数据一般有三种来源。第一，研究者将外界可直接观察的事件作为数据的来源，在不需要任何辅助工具的情况下，将外界信息转化为数字。如，Oldham和Cumming(1996)把员工获得专利或申请专利的数目作为估计他们创造能力的测量指标。第二，在研究者面对无法直接观察的对象(如员工的态度)时，需要借助一定的测量工具。如，通过员工填写测验量表实现对员工态度的数字化表达。第三，我们也可将测量工具用于可以观察的行为。如，请上司评价下属的工作业绩等(Baumard and Ibert,2001)。实证研究中数据的来源可以用图1.1的方式来表示。

需要指出的是，虽然实证主义者强调研究资料是客观的，旨在致力于对外部世界进行客观描述，但是实证研究所依据的数据是带有主观色彩的。例如同一部门的两名员工在描述另一名员工的组织公民行为时，两者的描述可能会有很大的差异。造成这个结果的原因有两种：一种是两名员工在与另一名员工交往中的经历不一样；另一种是两名员工在将事件"翻译"成我们需要的数据时出现了差异。

影响一个人如何去解释外部事件的因素有很多，我们根本无法在一项实证研究中有效囊括所有可能的变量。而社会科学中的研究对象往往又是不可直接观测的，只能通过间接方式收集资料。当我们使用本身带有误差的测量工具去

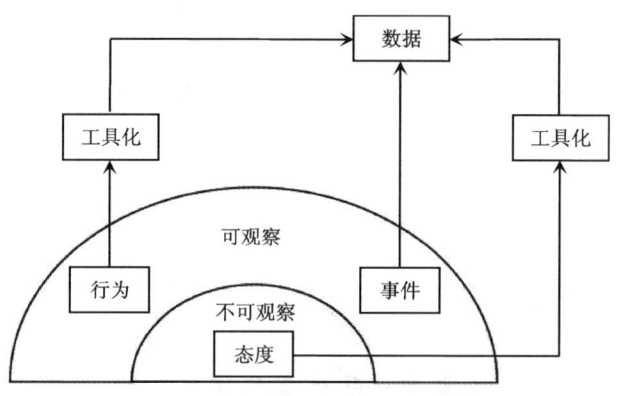

图 1.1 实证研究中数据的来源

研究一个复杂的社会系统时,这样的实证研究面临着相当大的挑战。

为了在管理学研究中实现对外部世界的客观、准确描述,我们就需要格外强调研究设计,使研究过程得到很好控制,对变量间的因果关系得到清晰的结论,最后有效地解释研究问题。

三、实证研究的一般过程

基于实证主义思想的影响,科学研究的主要目标在于探讨变量间的因果关系。最简单的实证研究过程可以用图 1.2 来表达(Schwab,1999)。在图 1.2 中,线段 a 代表两个抽象构念 x' 和 y' 之间的理论关系。我们需要检验的研究假设是 x' 和 y' 之间是否存在因果关系。但由于在现实世界中,我们无法直接观察这些抽象的构念(x' 和 y'),所以首先需要将它们操作化为可以测量的变量(即图 1.2 中的 x 与 y)。图 1.2 中线段 b_1、b_2 代表操作化历程。这样就将一个抽象的研究假设转换为可以进行实证研究的具体问题。然后,我们收集资料并运用合适的统计方法来验证 x 与 y 之间是否存在统计上显著的关系(如线段 d 所示)。如果没有发现统计显著的关系,就拒绝研究假设并接受零假设,推断在构念 x' 和 y' 之间不存在显著的关系。若经过统计检验,我们发现 x 与 y 之间存在显著关系,但在推断 x 与 y 之间存在因果关系前,需要剔除各种可能导致 x 与 y 之间发生因果关系的替代解释。经过这样的检验之后,如果有足够的信心推断 x 与 y 之间确实存在因果关系(如线段 c 所示),我们就可以接受研究假设,推断构念 x' 与 y' 之间存在因果关系。最后,我们需要考虑研究的样本及所处的特定时空(包括时间、空间、研究参与者等情境因素)对所获得的研究结论的影响,推论研究结论是否在其他情境下也能成立。这就是实证研究的一般过程。

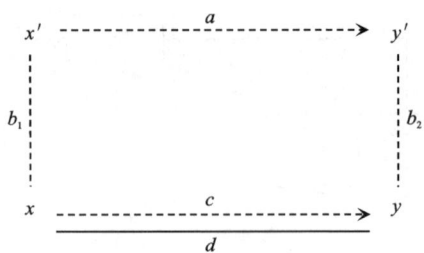

图 1.2　实证研究的一般过程示意图

第三节　管理学研究的过程

前面我们介绍了实证研究的一般过程,接下来我们介绍管理学实证研究的一般过程。管理学实证研究的过程一般包括 4 个步骤:第一步是提出一个研究问题;第二步是进行文献回顾;第三步是找到理论,提出假设;第四步是设计并执行实证研究。根据研究是归纳性的还是演绎性的,上述 4 个步骤不总是按照单一的方向进行。管理学实证研究的过程如图 1.3 所示。

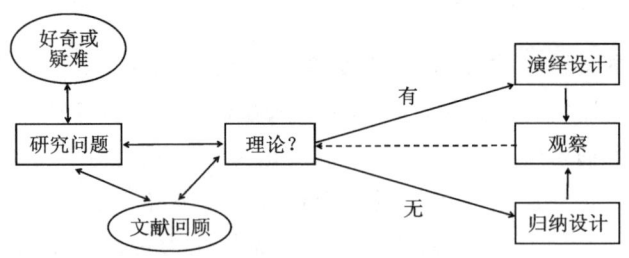

图 1.3　管理学实证研究的过程

第一步,提出研究问题。提出研究问题是管理学实证研究过程的起点。它通常始于"是什么？为什么？何时？如何？"等问题。研究者需要选择一个自己感兴趣的现象或论题作为研究主题,并将研究主题逐渐聚焦,产生一个具体的研究问题。

第二步,文献回顾。一旦有了感兴趣且重要的研究问题,研究者需要进行广泛的文献回顾。综合的文献回顾可以帮助研究者评价所提出的研究问题是否已经得到解答,也可以帮助研究者找到相关理论来解决困惑。文献回顾还能指出更加准确的构念,从而帮助研究者改进研究问题,甚至通过发现文献的不足或审查未经检验的命题,可以使研究者彻底改变研究问题,使之变得更加有趣、更加重要。值得注意的是,第一步和第二步之间是有反馈环路的。

第三步,找到理论并形成假设。理论解释了现象"为什么"和"如何"的问题。假设是对研究问题的暂定回答。理论包括具有清晰定义的构念,以及使用清晰的逻辑来解释这些构念为什么以及如何相关。现有理论是对回答研究问题产生有意义的假设,假设是对构念之间可能关系的陈述。假设涉及可测量的构念(如承诺),但不是指测量工具本身(如缺勤率)。这些假设指引你的研究设计和数据收集工作。

第四步,设计并进行实证研究。该步骤包括研究设计、数据收集和数据分析。研究设计会因为归纳设计或演绎设计而有所不同。当现有理论能帮助形成假设的时候,研究者将选择演绎设计,与此相对应的研究设计可以是实验或问卷调查等。当没有理论可以对研究问题有满意的回答时,研究者可以选择归纳设计,如案例研究或其他的定性研究方法。因此,在归纳设计中,实证研究先于理论和假设,步骤三和步骤四就逆转了。

上述4个步骤不必遵循单一的方向,一些步骤相互之间存在反馈环路,一些步骤之间的顺序可能逆转。从步骤一到步骤三,在进行文献回顾时,研究问题可能被修改或精炼,这又会影响文献回顾的领域和关注的理论,所以,在这些步骤之间会有一些反馈的环路。而步骤三和步骤四是可以逆转的。当没有现成理论可以解答感兴趣的现象时,研究者可以从实证研究开始,进行观察,然后再提出命题或新的理论。

第四节 管理学研究设计的目标

管理学研究设计是调查的计划和结构,其目的是得到研究问题的回答(Kerlinger and Lee,2000)。管理学研究设计要实现控制变异和保证效度两个目标。

一、控制变异

一项研究中,研究者要尽力控制三类变异。好的研究设计应该做到最大化系统变异、控制外生变异、最小化误差变异。

系统变异是指因变量的变异,它受到研究假设中自变量的影响。最大化系统变异,意味着可以将自变量对因变量的效应从因变量的总变异中分离出来,因此可以支持假设中构念之间的关系。最大化系统变异可以通过样本选择或者自变量的精准测量来实现,每一种方法都致力于让自变量对因变量产生最大的效应。例如,在研究薪水与工作满意度的关系时,如果研究者选择的样本当中,他们的薪水都相似,那么研究者要得到自己想找到的证据的可能性将非常小。再比如,某件商品原来的价格是 500 元,这时:如果将价格降低到 480 元,价格变动太小,可能导致销量变动不大;而如果将价格降到 300 元,价格变动比较大,则可能测出销量的变化情况。

外生变异是指外生的或是研究目的不希望得到的自变量的变异。最小化、消除或隔离外生变异,以至于能够排除对我们感兴趣的变量之间的关系的其他解释。通过排除法、随机化匹配参与者,或者将这些变量作为控制变量,就可以控制外生变异。例如,如果要调查创新对公司利润的影响,研究必须控制公司规模和行业。虽然这两个因素都不是研究的关注点,但它们影响公司的获利性。控制了这些变量,可以更有信心地得出这样的结论:公司利润的变动是创新的结果而不是规模(一般大公司倾向于利润更高)或行业(一些行业比其他行业利润更高)的影响。

误差变异是指随机波动而导致的指标变异。误差最小化,使得系统变异能够显示出来。最典型的随机变异是测量误差,或研究者控制不了的未知因素。最小化误差变异可以通过控制数据收集过程的条件,以及增强指标的信度而实现。例如,如果你希望测量公司的市场价值,而你选择公司在某一天的股票价格,则可以预计这样的测量将不是很可信的。因为,选择不同的时间来测量同样一家公司,你可以得到不同的市场价值。

二、保证效度

研究设计的第二个目标是保证实证研究的效度。简单地说,效度是指结论的可信程度,即在多大程度上相信从研究中得到的结果。研究设计应该确保四种效度。它们分别是构念效度、内部效度、统计结论效度和外部效度(Cook and Campbell,1979)。

构念效度指测量的准确性,即测量指标所包含的意思与构念的定义的一致性。研究者可以从两个方面提高构念效度。第一,从分析抽象构念的角度,研究者需要精确定义构念的含义并明确它的理论结构。由于构念来源于抽象理论,在现实世界中并不能直接观察,所以对它的观察和测量必须依赖于精确的定义说明。如果缺少精确的定义,即使研究者在测量过程中避免了各种误差,得出的数据和分析出来的结论也无法回答研究的问题。第二,从变量测量的角度,研究者需要选择合适的测量方式,控制测量误差。比如在管理文献中,我们常常会发现一个构念有多种测验量表。到底用哪一种量表来测量呢？我们的答案是，结合研究问题选择最能符合研究要求的测量方式。所以，在进行研究前，通过研究设计联系研究问题和资料收集，可以提高研究的构念效度。

内部效度指研究结果是由假设所致的可信程度。设计改善内部效度的研究将在第四章（实验法）和第五章（问卷调查法）中详细讨论。在研究设计时，研究者应该考虑如何通过各种手段剔除混淆变量和替代解释对变量间因果关系的影响。这主要从两方面进行：第一，从理论出发，在以往文献中搜寻有哪些变量可以成为假设检验中的混淆变量，在测量自变量和因变量时同时加以测量，并在统计检验时进行控制。第二，从研究类型上加以控制。相对于其他各种研究类型，实验法对于混淆变量和替代解释的控制程度最高。研究者可以通过实验法来提高研究的内部效度。

统计结论效度是以统计检验对假设的关系进行解释的可信度。样本太小，p值太大，或者违背了统计检验的假设等，都将降低结论的可信度。影响误差的因素，如不可能的指标和在数据收集过程中的波动条件等，也将对统计结论效度有不良影响。我们可以通过以下手段来提升统计结论效度：①选择正确的统计检验手段和更加严格的检验标准；②随机化抽取研究样本；③增大样本量；④减少因变量中与自变量无关的总体变异，例如采用控制无关变量、抽取同质性比较高的样本和选用高可信的测量工具等方法；⑤依据理论检测方向性研究假设等。

外部效度是指假设的因果关系推广到其他的因果测量中，推广到不同类型的人、环境和时间当中的可信程度（Cook and Campbell, 1979）。设计改善外部效度的研究将在第四章（实验法）和第五章（问卷调查法）中详细讨论。增强外部效度最有效的方法是使用随机抽样，提高样本的代表性。当样本可以较好地代表总体时，从样本得到的结论就更容易在总体内得到重复。当实践中的困难使随机样本不可行的时候，你需要明确地讨论所选样本对总体的代表性。例如，如果使用 2003 年北京的高科技企业作为样本来研究"研发强度"时，需要讨论结论是否可以推广到除高科技行业之外的其他行业，是否可以推广到北京以外的其他城市，是否可以推广到其他时间段。

主要参考文献

陈晓萍，徐淑英，樊景立. 组织与管理研究的实证方法[M]. 北京：北京大学出版社，2010.

刘军. 管理研究方法原理与应用[M]. 北京：中国人民大学出版社，2019.

杨学儒，董保宝，叶文平. 管理学研究方法与论文写作[M]. 北京：机械工业出版社，2020.

BAUMARD P，IBERT J. What Approach with Which Data？[M]// THIETART R A，Doing Management Research：A Comprehensive Guide. London：Sage Publications. 2001.

COMTE A. Introduction to Positive Philosophy[M]. Paris：Carillian-Goeury and Dalmont，1988.

COOK T D，CAMPBELL J D. Quasi-Experimentation：Design and Analysis Issues for Field Settings[M]. New York：Houghton Mifflin，1979.

KERLINGER F N，LEE H B. Foundations of Behavioral Research[M]. Orlando，FL：Harcourt College Publishing，2000.

OLDHAM G R，CUMMING A. Employee Creativity：Personal and Contextual Factors at Work[J]. Academy of Management Journal，1996，39(3)：607-634.

POPPER K. The Logic of Scientific Discovery[M]. London：Routledge，2005.

SCHWAB D P. Research Methods for Organizational Studies[M]. Mahwah，NJ：Lawrence Erlbaum Associates，1999.

WHETTEN D A. Modelling-as-theorizing：A Systematic Methodology for Theory Development[M]// PARTINGTON D，Essential Skills for Management Research. Thousand Oaks，CA：SAGE Publications. 2002.

第二章 管理研究问题的提出

管理学作为一门学科,有着独特的研究对象和系统的研究方法,而其研究的起点是研究问题的提出。提出科学的研究问题对整个研究以及管理学科的发展具有至关重要的作用。所有的研究皆定位于问题解决,而问题本身的价值又直接决定了研究的价值或评价。

研究者首先要确定研究问题,然后在理论和假设的指导下通过系统的科学研究方法收集并分析数据,证实或证伪假设,回答所提出的问题,并据此发展或建构新的理论,这是管理研究的一般过程。而把握理论、问题与假设之间的关系,提出科学问题,并建立恰当的假设,是做好管理研究和促进管理学科发展的必由之路。本章旨在通过阐述研究问题的特征、研究问题的来源以及如何将研究问题转化成研究课题,让读者了解如何提出管理研究问题,开启管理学研究。

第一节 研究问题的特征

研究问题是研究者在对科学背景知识进行分析的基础上提出疑难、发现矛盾时产生的。一般来说,研究问题具有以下 5 个特征。

(1)科学性。问题是对理论的质疑或不满引出的,即问题都是在一定的科学理论和相关背景知识的基础上提出来的。相对于已有的理论来说,问题是重要的、有吸引力的,问题的解决能够增加知识和发展理论。

(2)实践性。科学研究本身是一种社会实践,也受社会实践的需要所推动。研究能够改变人们看问题的方式,能够解决现实中的问题,具有一定的应用价值或潜在的应用价值。

(3)可解答性。问题不能有显而易见的答案,但却是人们依据目前的认识基础和科学研究条件所能够解决的。

(4)明确性。问题阐述的是概念或变量之间的潜在关系,清晰明确的术语隐含了研究要探讨的内容、问题陈述中所隐含的前提假设以及研究所期待的结果。

(5)客观性。价值中立,问题是客观的,其陈述不带任何主观好恶等感情色彩，也不带任何道德和伦理的判断。

第二节 研究问题的来源

管理学研究问题的来源通常为以下 4 个方面。

1. 个人的观察和深度思考

大部分研究问题的来源都是个人观察和思考的结果。对于有心者，任何现象都可以成为研究问题的素材。人们在社会生活和工作生活中会接触到很多管理问题，比如企业领导的不同管理风格是否影响企业绩效。研究者对某一现象的深度观察和思考常常能够带来研究的问题，并且使研究不断深入，从而挖掘出现象背后的原因。这是研究问题来源的重要渠道。

2. 个人对研究的专注热情

个人对某一问题的深入观察和思考常常与这个人对这个问题的深层兴趣或者激情紧密相连。许多研究者陷入了为做研究而做研究的怪圈，而不是发自内心对该问题的兴趣和热爱，这使得他们常常陷入研究的苦恼中。没有对研究问题的持久专注的激情，就不可能产生对该问题的深刻思考和观察，就不可能提出有洞见的理论和假设，也就难以在此研究领域作出贡献。

3. 阅读文献

除了从个人的观察和思考中获取灵感而发现研究课题之外，也有许多人通过阅读以往的文献来发现某领域近期的研究热点，或挖掘值得研究的课题。广泛的文献阅读就是跟此研究领域的同行进行对话，只有知道目前的研究范围和深度，才能方便研究者确定研究问题。通过文献阅读寻找研究问题是一个辛苦的过程，需要阅读大量的文献，并反复思考。

从阅读文献中得到启示并发现值得研究的问题有几个好处。第一个好处是研究风险相对缩小。这里的研究风险指的是课题是否被其他研究同行认可，以及论文能否发表。从阅读文献中寻找到的研究问题往往是被同行认可的研究问题，这样的研究课题就有了"合法性"，研究成果（论文）也更容易被接受和发表。第二个好处是能为研究找到比较扎实的理论基础以及研究工具。已经在报纸杂志上反复出现的研究课题一般都已经奠定了一定的理论基础，这样就能够避免论文缺乏理论指导的缺陷。他人文献的理论模型基本上就可能成为指导我们研究的理论基础。第三个好处是能让研究者了解做该类研究使用的一般方法，从而使研究有路径可循。同时，根据文献中已经使用过的方法来进行研究也能增加论文被接受发表的可能性。

当然,在阅读文献的基础上形成自己的研究问题也存在一些不足之处。一是研究题目新意不够,有"炒冷饭"之嫌。比如,很多新的研究同前人的理论框架相同,只增加了一两个变量。这样的研究固然有其价值,但是创意甚微。二是与激情保持有关。因为是比较成熟的课题,而且对该课题的兴趣并不来自自己内心深处的索求,那么要保持孜孜不倦的工作热情就不容易了,尤其是当遇到挫折的时候。三是选择的课题可能"过时",这样就得另起炉灶,重新寻找新的课题。

4. 与他人交流

研究问题(课题)还可以从与他人沟通交流中获得。从与他人的交流中获得灵感,从而发现研究问题。主要是与学生、研究学者、实践从业人员、同事进行交流。

(1) 与学生交流。采用互动式的教学方式,在课堂上可以与学生对许多有争议的问题进行讨论,并在讨论的过程中擦出思想火花,产生新颖的视角和念头。尤其是在 MBA 或 EMBA 课,上课的学生都有多年的工作经验积累,而且对管理工作有浓厚的兴趣,因此他们平时思考的问题比较多,带到课堂上来的困惑也比较多而且贴合实际。对这些困惑和问题的讨论常常会产生新意,成为未来的研究课题。与硕士生和博士生的交流更是产生好的研究想法的途径。硕士生和博士生本来就对研究带有浓厚的兴趣,又喜欢观察和思考,与他们交流,常常会有"心有灵犀一点通"的感觉,让各种想法源源不断地冒出来。

(2) 与研究学者交流。参加学术会议,与学者们进行交流是确定研究问题的重要手段。在学术会议上,不仅可以了解研究者们在做什么,还可以了解该领域学者们的最新研究和最新关注焦点,这样有助于节省文献阅读时间。好的学术会议展示的论文有可能很快会变成顶级期刊的学术论文,通过聆听学术会议上的报告,更能理解研究者有关文章的研究目的及背景,从而为自己确定研究问题提供方向。尤其是务实高效的学术会议,非常有助于研究者之间的互动,产生新的想法。

(3) 与实践从业人员交流。管理学是一门实践性较强的学科。理论源于实践,最终又指导实践。因此,与实践从业人员的交流是学术研究者确定研究问题的重要来源。以研究公司治理为例,研究者经常与高层管理者进行访谈和交流更能获得灵感。在实践中,管理者也有很多管理难题需要解决,了解组织和管理者的需求对自身确定研究方向多有助益。

(4) 与同事交流。同事可以说是研究领域的同行,与他们交流是产生思想火花的另一个重要渠道。对同事而言,他们和你一样,都在苦心钻研学术。与这样一群努力奋斗、日日精进的同事探讨问题,彼此交换一些优秀文献信息或学术会议的信息,有助于从多个维度了解事物,更好地探索解释社会现象的答案。

我们在这里主要讨论了问题来源的四种渠道,事实上这四种渠道之间既不互相排斥,也并未穷尽所有的可能性。还有其他无数的发现问题的方法存在。对于研究者来说,可能随时就能发现研究问题,关键是保持心灵的敏锐和视角的独特。

第三节 将一般问题转化为研究课题

确定了研究问题之后,我们还需要将一般问题转化为具体的研究课题,这样才能开展我们的研究。将一般问题转化为研究课题,需要经历以下三步。

1. 化大为小,化抽象为具体

要将"大而无当"的问题转化成真正可以操作可以研究的问题,关键就是要清醒地认识一个人和一个研究的局限性:一个人不可能在一个研究中给如此大的问题提供答案。因此,必须将大问题分解再分解,直到对问题中涉及的概念能够准确定义、操作、测量,并且能够把概念和构念之间的关系通过实际的数据加以检验为止。

比如,你对"什么因素会影响企业的绩效"的问题很有兴趣,想去探索。这个问题显然可以有许许多多的答案,而且可以从金融、财会、系统设备、物流分析、市场战略、技术创新、企业战略、企业管理等各个领域入手。在这种情况下,你就只能先分解问题,确定自己可以入手的领域,然后再对那个领域中的各种因素进行选择,找出与企业业绩关系最密切并有代表性的变量来开始你研究的第一步。如果你觉得企业的领导行为会对企业的绩效产生重要的影响,那么,你就可以将领导行为的研究作为切入点来开始自己的研究。这时,领导行为还是停留在比较抽象的层面的。因为根据以往的研究,领导行为有无数种表现。这时,你需要将领导行为进一步具体化。在具体化的过程中,结合前人的研究和领导行为理论,确定用领导风格这个变量来具体化领导行为。最后,你的研究问题就变成了"领导风格是否对企业绩效产生了影响"或者是"什么样的领导风格导致更高的企业绩效"。这样,你就将研究问题化大为小,化抽象为具体了。

2. 化问题为研究变量和假设

要把一般问题转化为研究问题,还有一个重要的步骤就是要确定问题中涉及的变量,以及这些变量之间可能存在的联系。比如,"领导风格是否会对企业绩效产生影响"这个研究问题,涉及两个主要变量:领导风格和企业绩效。首先,我们要确定领导风格和企业绩效之间是什么关系。我们进一步探究发现,可以将领导风格分为幽默型、真实型和辱虐型三种。结合相关理论和前人研究,可以假设:相比于真实型和辱虐型的领导风格,幽默型的领导风格会产生更高的企业绩效。然后,我们要进一步明确研究中涉及的变量如何测量。企业的绩效可以从销售额、利润率、市场占有率等指标去衡量。领导风格可以用前人成熟的量表由员工进行评定。这样我们就将研究问题转化为具体的研究变量和假设了。

3. 化问题为研究设计

在研究问题和假设基本确定之后,第三步就是要选择合适的研究设计来检验假设。研究方法的选择主要取决于研究的问题和假设。一般而言,如果研究假设的变量关系之间具有因果联系,那么就需要通过精心设计的实验室实验来加以检验,因为在实验中,我们可以通过严格控制自变量的变化程度来观察因变量的变化。相反,如果研究假设的变量关系只是相关关系的话,那么就可以通过问卷调查法、个案法等非实验的方法来进行检验。这里仅简要地描述研究方法选择的基本原则。

(1)用定性方法研究全新的课题和变量。如果你的研究课题之前从来没有人研究过,那么你就需要用定性的方法从头开始做起。比如界定一些新的概念的内涵和外延时,就需要用到定性方法。或者对于某些概念,以往研究大都停留在理论层面,没有具体的测量工具时,需要用定性方法去确定测量工具(如量表)。常用的定性研究方法有文案法、深度访谈法、焦点小组访谈法等。

(2)用实验法研究具有因果关系的假设。当研究变量之间的关系具有因果联系的时候,就需要用实验法来研究。实验法包括实验室实验法和现场实验法。实验法(尤其是实验室实验法)由于对其他影响自变量和因变量之间因果关系的变量进行了控制,使得其能够更好地验证因果关系是否存在。实验室实验法是在人工创设的情境中进行的实验研究,在验证因果关系上更有力。现场实验法是在现实情境中进行的实验研究,研究结果的普遍性更高。管理学研究中往往将这两种实验法结合起来使用。

(3)用问卷研究的方法/调查法来检验相关性假设。管理学研究采用的方法大都是用问卷法完成的,因为在现实中变化的因素很多,能够在变量之间建立起相关的联系对我们理解现象的发生具有很重要的意义。问卷研究法又可分为两种：一种是横向研究法，另一种是纵向研究法。横向研究法是指在同一个时间段内，对研究的所有变量收集大样本的数据，这些样本通常跨越部门、企业甚至国家。纵向研究法则是指针对确定的样本和变量，在不同的时间段内收集数据，可以是相隔几个月、几年，甚至几十年。如果一个研究中的变量不涉及时间维度，而且没有任何隐含的因果关系假设，那么横向研究法应该是最合适的选择。但是，如果一个研究中的假设涉及时间的因素，或者在某种意义上隐含了因果关系的话，那么就需要用纵向研究的方法。

主要参考文献

陈向明. 质的研究方法与社会科学研究[M]. 北京：教育科学出版社，2000.

陈晓萍，徐淑英，樊景立. 组织与管理研究的实证方法[M]. 北京：北京大学出版社，2010.

董奇. 心理与教育研究方法[M]. 北京：北京师范大学出版社，2004.

刘军. 管理研究方法原理与应用[M]. 北京：中国人民大学出版社，2019.

杨国枢，文崇一，吴聪贤，等. 社会及行为科学研究法[M]. 重庆：重庆大学出版社，2006.

BAKER M J. Writing a Research Proposal[J]. The Marketing Review，2000，1(1)：61-75.

COMTE A. Introduction to Positive Philosophy[M]. Paris：Carillian-Goeury and Dalmont，1988.

COOPER D R，SCHINDLER P S. Business Research Methods[M]. New York：McGraw-Hill，2003.

TSUI A S. Contributing to Global Management Knowledge：A Case for High Quality Indigeneous Research[J]. Asia Pacific Journal of Management，2004，21(4)：491-513.

第三章　管理研究中的理论构建

　　构建理论是驱动和贯穿于研究全过程的活动。理论价值或者理论贡献是衡量一项管理研究水平高低的最重要的标准。理论是管理研究的灵魂所在，它直接决定了研究成果的价值和意义。理论是对于揭示现象的若干概念在特定条件下所存在的关系的一种陈述。理论的重要功能在于通过提纲挈领的表述让人们了解纷繁复杂的现象或者事件发生的脉络和原因。所以，一个好的理论必须能够将最相关的概念以符合逻辑的方式组织在一起，清晰地表达出这些概念之间的关系，帮助人们了解现象是怎样发生的，在什么条件下发生以及为什么会发生。本章主要阐述理论的构成要素、理论模型中的变量以及如何构建理论，旨在帮助读者理解如何在研究中构建理论。

第一节　理论的构成

　　可以将理论看作一个由概念或者变量组成的系统，通过命题将概念之间的关系表达出来，通过假设将变量之间的关系表达出来。一般认为，理论包括概念和变量、命题和假设、机制或原理以及边界条件4个构成部分。

一、概念和变量

　　概念和变量都涉及理论要解释的对象和内容是什么。管理学中的理论基本上都是将现实中的某个现象作为问题的起点而逐渐建立起来的。概念和变量作为现象的初始表达，是理论的最基本成分。

　　概念就是对于单个现象或实体的一种表达，它是抽象的、普遍的和不能够直接或者间接被观察到的。概念是反映事物或现象成为自身并同其他事物或现象区别开来的本质属性。概念具有内涵（内容）和外延（范围）两方面的特性。概念的内涵是对事物本质属性的反映，说明概念所反映的那种事物究竟"是什么"。概念的外延是指反映在概念中的具有某种本质属性的对象范围，是指包括在概念中的所有事物，它说明概念所反映的事物"有哪些"。

变量是对于概念的一种操作化和转化，使原来抽象的概念能够被观察且可以测量。所有的变量都应当可以被赋值。例如，"性别"作为一个变量时，可以用 0 表示男，1 表示女。将"工作满意度"作为一个变量时，它可以用某种量表来测量，并以数值的高低来表示某人的满意程度。

概念和变量既相互关联又存在差别。概念相对而言更加宽泛，而变量则是对于概念的一种操作性的界定。在管理学研究中，一个概念通常存在一个对应的变量，但有时一个概念也存在不同的变量。因此，有时不同学者研究同样的概念，但得出的结论并不相同。要比较这些研究结论，需要搞清楚他们测量这个概念的方法是否相同或者概念对应的变量在这些研究中是否完全相同。变量一定是具体的、可操作的，并且是能够被测量的。

理论是建立在概念基础上的，概念是理论的基本元素。如果概念没有很好地被界定，将会导致研究命题或者假设模糊，或者导致对于管理现象不正确的认识。在使用概念或者变量建立理论时，通常要考虑完备性和简易性两个标准。完备性是指研究者在多大程度上将所涉及的因素都包括到理论中来，简易性是指剔除那些不能够增加解释力的变量，从而确保以尽可能少的概念来建立理论。研究者使用的概念或者变量越多，对于现象的解释自然更准确。然而，科学研究的目的在于持简驭繁，以精巧的理论去解释复杂的现象。所以，在能够准确解释现象的前提下，使用概念越少越好。完备性和简易性二者存在着矛盾，在构建理论时要平衡二者的关系。

二、命题和假设

选定建立理论所需要的概念之后，研究者需要通过命题和假设将概念联结起来。命题和假设都是对于现象之间关系的一种陈述，区别在于命题涉及抽象的概念之间的关系，而假设则将命题涉及的关系以更为具体和能够操作的方式表达出来，即假设是由具体的变量构成的。命题和假设通常都会指明概念之间的因果关系。

三、机制或原理

仅仅列出命题或者假设并不足以构成理论，理论更重要的方面是解释概念或者变量之间存在某种关系的原因。管理学理论就是对管理现象或者过程提供根本的解释，而这些解释必须建立在可靠的逻辑推理基础之上。在理论建立的过程中，逻辑推理非常重要。只有让人觉得所提出的命题是可信的，理论才有可能被人们接受,从而对学术界或者实践界产生影响。

在管理学研究中,一个常见的缺点就是研究者仅仅提出一些假设,然后通过数据来证实这些假设,对于它们背后的原因却缺乏解释。这种状况导致研究者过于注重研究方法、数据分析等技术性细节,或者局限于对概念或者变量之间的关系进行描述。要理解管理现象发生的机制或原理,研究者不仅要检验变量之间的因果关系(主效应),而且要搞清楚两个变量之间的关系在不同的条件下是否相同(调节作用),尽可能揭示两个变量关系背后的逻辑。命题和假设只能描述现象之间的关系或者表达出某种模式,但是理论却要对现象为什么会发生提供合理的解释。

四、边界条件

所有的理论都只能在某些条件下成立,一旦超出这些条件所设定的边界,理论可能就不再有解释力。因此,研究者在建构理论或者已经通过实证的手段对理论进行了论证之后,都需要明确地指出该理论的边界条件或者情境限制。承认或者指出理论成立的边界条件不仅能够帮助实践者借鉴合适的理论去改进工作,而且能够使得研究者不断验证原有的理论,找出更多的限制条件,从而为理论的进一步发展以及学术的积累作出贡献。

通常,研究者可以通过表明理论使用的对象是谁、在什么场合适用以及什么时候适用来界定理论的边界。例如,针对产业工人建立起来的某个模型是否能够解释知识型员工,在西方建构的所谓"公平理论"是否适用于中国,所建立的理论是否会随着时间的推移而有所变化,等等。

第二节 理论模型中的变量类型

在前文的阐述中,我们知道每一个理论都有一系列核心的概念,并且阐明了这些概念之间存在的关系,以及这些关系在什么条件下成立。在使用理论解释一个现象时,我们将概念转化成变量。理论模型中的变量有五类:自变量、因变量、中介变量、调节变量和控制变量。如图3.1所示。

自变量是因变量的假定原因,因变量是假定效果。换句话说,自变量是先行变量,因变量是结果变量;自变量影响着因变量,或者使因变量发生改变。控制变量对因变量有影响且其影响需要被消除。理论上,自变量和控制变量都是因变量的先行变量。自变量是我们所关心的变量,而控制变量是我们关心但不能

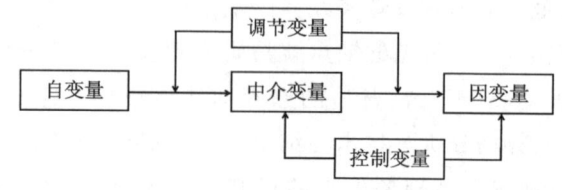

图 3.1　理论模型中的变量

完全消除的先行变量(即不能实现随机化,或不能消除)。

　　调节变量和中介变量存在很大的差别,它们对自变量和因变量的关系的影响不同,并且检验它们存在的统计方法也不一样。调节变量是影响自变量和因变量关系的方向、强度的定性或定量的变量(Baron and Kenny,1986)。从统计学上看,当调节变量和自变量的交互项(调节变量×自变量)对因变量的影响显著时,调节变量即存在。中介变量是介于自变量和因变量之间的变量(Baron and Kenny,1986)。当满足下列条件时,中介变量即存在:①自变量的变化显著地解释了中介变量的变化;②中介变量的变化显著地解释了因变量的变化;③当控制了①和②的影响时,因变量和自变量的相关性显著降低。本书第六章将对如何检测中介效应和调节效应进行详细的介绍。

　　一个理论必须详细说明自变量、因变量、中介变量和调节变量的关系。理论提供了这些变量如何相关联以及为何相关联的理由和逻辑。在理论化的过程中,建议借助方框和箭头来思考这些变量"为什么""如何""什么时候"相关联,以及"对何人"相关联。

第三节　如何建立理论

　　以下介绍三种建立理论的方法,分别是理论的社会建构、从已有的理论出发来发展理论、演绎和归纳。

一、理论的社会建构

　　建立理论的工作也是一种社会建构的过程。理论的社会建构有两个途径,一是向学术同行寻求建议和反馈;二是研究者之间的思想刺激。第一个途径是为了寻求反馈而建立社会网络。通过阅读文献、参加学术会议、参与专业学术团体的活动以及与研究者相识的同行进行交流等多种途径,个人可以建立一个核心的同行群体,其中的成员都在相近的领域内从事研究。寻求核心群体成员的观点和建议,有助于确定合适的研究问题,发现并选择恰当的理论视角,从而建立有价值的理论模型。第二个途径主要是指个人在进行文献回顾和形成假设的过程中,充分讨论涉及该理论主要人物(或者他们的作品)的观点或看法,从而决定在某个事项上持有某个立场、决定某个研究问题、选择某个特殊的观点,甚至形成某些假设。总之,理论建构并非学者个人"闭门造车",而是积极让其他在某个课题上有见解和信息的人参与进来。

二、从已有的理论出发来发展理论

在建立理论的过程中,学者们更多的是参考其他相关理论,在已有理论的基础上发展新理论。下面我们阐述四种常见的发展理论的方法,分别是深化、繁衍、竞争和整合。

1. 深化

深化是指研究者在已有的理论的基础上增加一些新的成分,使得原来的理论更全面、更具体、更精确和更严谨,从而增加理论的解释力和预测力。新建立的理论并没有挑战或者背离原有理论的假定和原理,它与原有理论所阐述的问题是相似的,支持理论成立的实证性数据或观察也是相似的。运用深化的方法来发展原有理论的常用办法是,增加调节变量,揭示原有理论中的命题或者假设在不同条件下有所不同。另一个办法就是在原有理论的变量之间增加中介变量,揭示原有理论中的两个概念或者变量之间的关系发生的过程。例如,已有研究表明,谦卑型领导有利于提升企业的商业模式创新。这是一个比较简单的理论,我们可以在这个理论的基础上进行深化,可以探究为什么谦卑型领导能够提升企业的商业模式创新。假设我们发现谦卑型领导能够提升高管团队的创造力,而高管团队创造力的提升能够有力促进企业的商业模式创新,换句话说,谦卑型领导通过提升高管团队创造力来提升企业的商业模式创新;那么,我们就可以通过增加高管团队创造力这个中介变量来建立新的理论。另外,我们还可以探究谦卑型领导在什么情况下能够提升企业的商业模式创新。我们发现,谦卑型领导只有在获得创新的外部支持时才能够提升企业的商业模式创新。这样,我们就找到了这个理论的边界条件,即创新的外部支持。我们把创新的外部支持这个调节变量加入到原有的理论中,就建立了一个新的理论。当然,我们还可以同时将高管团队创造力这个中介变量和创新的外部支持这个调节变量一起加入到原有理论中,建立新的理论。

2. 繁衍

繁衍就是研究者从其他领域的理论中借鉴某个或某些思想,将其应用到新领域的现象。繁衍与深化的区别在于：繁衍是将其他领域或者学科的理论应用到一个新领域中的现象，而深化则是针对同一领域中的相同现象。运用繁衍方法建立理论时，研究者可能没有对原来的理论进行大的改变，但借鉴其他领域的思想却能够很好地解释新的现象。在管理学的研究中，研究者经常借鉴心理学和社会学的理论来解释管理现象。

3. 竞争

竞争是针对某个已经完全建立起来的理论，提出新的理论，与原来理论做出针锋相对的解释。新的理论以令人信服的证据展示原有理论的重大缺陷，从而提出另外的解释，甚至替代原有的理论。新的理论与原有的主流理论的竞争，在程度上有所不同。有时新的理论只是在某些方面对于已有理论提出挑战，但保留了原有理论的基本原则和结构。比如，我们前文的例子中提到一个假设的理论：谦卑型领导通过提升高管团队创造力来提升企业的商业模式创新。这时有另一个理论指出，谦卑型领导能够提升高管团队的决策力，从而提升企业的商业模式创新。这两个理论就构成了竞争。

4. 整合

整合是在两个或者两个以上已经建立起来的理论的基础上创造一个新的理论模型。在对理论进行整合时，可以采用前面提到的深化、繁衍或者竞争的方法。例如，竞争的整合理论可以吸收相互竞争的理论中的某些成分，从而建立一个严密的理论，解释在某些条件下原来竞争双方中的一方成立，而在另外的条件下另一方也成立。总之，整合的目的在于通过联系和统一相互竞争的概念和理论来发展新的理论。比如，我们可以将前文提到的两个竞争性理论整合成一个新理论。谦卑型领导既可通过提升高管团队的创造力来提升企业的商业模式创新，又可通过提升高管团队的决策力来提升企业的商业模式创新。

三、演绎和归纳

演绎和归纳是两种不同的建立理论的逻辑推理方法。演绎是将笼统的、一般性的原则推演到具体的事例，而归纳则是通过对具体事件的总结，发现一般性的规律或者原则。演绎式的理论建构主要依赖于学者的逻辑思考，并不要求理论与数据之间的不断匹配与调适。因此，演绎导向的理论家将主要精力用于回顾以往的理论，从中发现空缺、不一致或者缺陷，以便提出新的概念和命题来弥补这些不足。当然，他们也会对以往的实证研究进行分析，但是他们只是将这些实证研究与相关的理论结合起来进行探讨，而不会仅仅对于这些实证研究进行探讨进而提出理论。

相反,归纳取向的理论家认为,社会现象非常复杂,人类对它们的了解很不够,理论应当深深地扎根于社会现实,研究者应当积极而紧密地贴近现实,并系统地收集数据和分析数据。这些学者认为,没有数据就不可能有理论,数据是理论产生的唯一来源。他们所说的数据是广义的,包括定量的和定性的数据。他们强调,研究者要深深地浸入到所研究的社会现象中,并与其中的主要社会行动者进行频繁的交往,以便真正了解社会现象,从而建立起解释这种现象的理论。

虽然演绎和归纳是两种不同的建构理论的途径。但事实上,这二者在建构理论的过程中同时存在、相互重叠,且常常交织在一起。归纳导向的研究者并非仅仅依赖已有的理论和实证研究来建立他们的理论。在选择研究问题、建立概念和假设的过程中,他们有意无意地从个人经验和观察中受到启发。有些人会通过中心小组访谈、个人访谈或者分析档案资料等途径,帮助他们提出概念或者对概念和命题进行论证。还有的学者事后建立或者选择某个理论,以理解已经收集到的数据。也就是说,他们并非首先提出理论,然后收集数据验证或者修正理论,而是事后诸葛亮似地找到更好的理论来理解现有的数据。总之,实际的理论建立的过程涉及演绎和归纳过程的不断互动。一个优秀的研究者应当具有同时运用归纳和演绎的能力,并能够熟练地在二者之间转换。

主要参考文献

陈晓萍,徐淑英,樊景立. 组织与管理研究的实证方法[M]. 北京:北京大学出版社,2010.

黄炽森. 组织行为和人力资源研究方法入门[M]. 北京:中国财政经济出版社,2006.

李怀祖. 管理研究方法论[M]. 西安:西安交通大学出版社,2004.

刘军. 管理研究方法原理与应用[M]. 北京:中国人民大学出版社,2019.

徐淑英,张志学. 管理问题与理论建立:开展中国本土管理研究的策略[J]. 重庆大学学报社会科学版,2011,17(4):1-7.

BACHARACH S B. Organizational theories: Some Criteria for Evaluation[J]. Academy of Management Review,1989,14(4):496-515.

BARON R M,KENNY D A. The Moderator-Mediator Variable Distinction in Social Psychological Research:Conceptual,Strategic,and Statistical Considerations[J].

Journal of Personality and Social Psychology,1986,51(6):1173-1182.

DIMAGGIO P J. Comments on "What Theory Is Not"[J]. Administrative Science Quarterly,1995,40(3):391-397.

MERTON R K. Social Theory and Social Structure[M]. New York:Free Press,1968.

STINCHCOMBE A L. Constructing Social Theories[M]. Chicago:University of Chicago Press,1968.

SUTTON R I,STAW B M. What Theory Is Not[J]. Administrative Science Quarterly,1995,40(3):371-384.

WEICK K E. What Theory Is Not,Theorizing Is[J]. Administrative Science Quarterly,1995,40(3):384-390.

WHETTEN D A. What Constitutes a Theoretical Contribution? [J]. Academy of Management Review,1989,14(4):490-495.

第二部分
管理学研究方法

第四章 实验法

实验法就是根据一定的研究目的与假设,人为地控制、突出某些因素,在一种"纯化"的状态下寻求社会现象的因果关系。具体来说,首先将与研究课题有关的各种因素筛选出来,分析这些因素之间的关系,建立我们要验证的假设或因果模型。然后在严格控制其他变量不变的条件下,测量自变量的变化与因变量的变化。最后通过定量分析,就可以发现自变量与因变量之间的因果关系是否存在,或在多大程度上存在。

实验法是管理学实证研究中探究因果关系最主要的研究方法。随着管理学研究中越来越注重探究管理现象背后的原因,以及实验法在经济学、心理学等社会科学领域的成功应用,管理学研究也逐渐开始重视实验法的运用。越来越多的管理学研究者开始尝试使用实验法来探究管理现象和问题。本章主要阐述实验法的原理、实验设计的步骤、影响实验效度的因素,以及九种常见的实验设计。本章旨在通过实验法的介绍,尤其是通过实例阐述九种常见的实验设计范式,让读者学会在管理研究中使用实验法。

第一节 实验法概述

一、实验法的原理

实验法是用来探究因果关系的研究方法,主要涉及自变量、因变量和控制变量三个要素。自变量是实验中的激发因素,是指可以被操纵的、对特定因变量有影响的变量。因变量是激发因素的受体,是将要被解释的现象和变化的结果,是受自变量影响的结果变量。控制变量是指自变量以外的可能对因变量产生影响的所有变量。这些变量的存在,使自变量对因变量影响的测量受到干扰,导致无效的实验结果,所以在实验中需要对这些变量的影响加以控制。

在现实生活中,一件事情的发生往往跟很多因素相关,影响因素太多导致我们往往很难判断这件事情究竟是由什么原因引起的。这时我们就可用实验法来探讨这件事情发生的原因。如图4.1所示,我们要探讨的事情就是因变量(Y),

探究它的原因就是自变量(X)。通过对 X 进行操纵,看 X 的变化是否会引起 Y 的变动。为了更好地探究 X 是否是 Y 的原因,我们就要在实验过程中排除其他的 A、B、C、D、E、F、G、H、I、J 等因素对 Y 的影响,即要确保这些因素在整个实验过程中保持不变。这些保持不变的因素就是控制变量。于是,我们得到的 Y 的变化就完全是由 X 的变化所引起的。这就是实验法的原理。

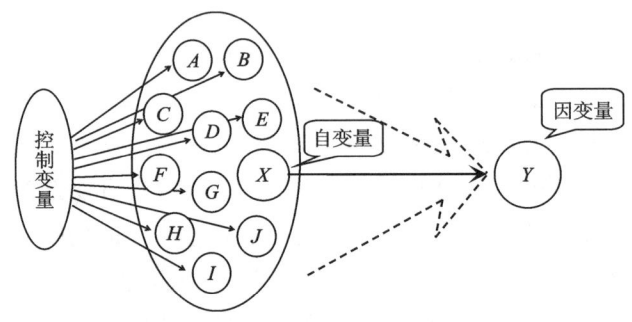

图 4.1 实验法原理

二、实验法的步骤

实验法是在排除控制变量的影响后,自变量的变化是否会引起因变量的变化。实验法的步骤主要包括三步:第一步,确定自变量、因变量和无关变量;第二步,改变自变量水平,测量因变量的变化;第三步,在实验过程中保持控制变量不发生变化。

我们通过一个案例来说明实验法如何操作。比如,要探究水果摆放位置是否会影响其销量。那么用实验法怎样来探究这个问题呢?我们选择用现场实验的方法来进行探究。先选择一家水果店,说服老板让我们来做这个实验。接下来,我们就要开始进行实验设计了。第一步,确定自变量、因变量和无关变量。本实验中,因变量是水果的销量。我们需要更具体一点的操作化定义的因变量,比如一个月的苹果销量。自变量是水果的摆放位置。同样,我们也需要将自变量进行操作化定义。我们选择 3 个不同的位置来摆放苹果,分别是水果店的门口、最里面和中间。自变量的三种情况,称为自变量的 3 个水平。另外,本实验中还涉及苹果的价格、苹果的质量、人流量等控制变量。第二步,操纵自变量,测量因变量。我们在第一个月将苹果摆放在水果店门口,第二个月将苹果摆放在水果店中间位置,第三个月将苹果摆放在水果店最里面,分别记录下这三个月的苹果销量。第三步,在这三个月中要将主要的控制变量,即苹果的质量和价格等保持一致。比较这三个月苹果的销量,如果这三个月的销量存在显著差异,则可表明苹果的摆放位置对其销量产生影响,反之则苹果的摆放位置对其销量不产生影响。

三、实验室实验和现场实验

根据实验场所的不同,实验法可以分为实验室实验和现场实验。现场实验是在自然环境下进行的有控制的实验。实验者在自然环境下操纵自变量,以检验自变量的变化在因变量上所造成的影响,从而发现自变量和因变量之间的因果关系。实验室实验是在人为控制的环境中进行的实验。在实验室实验时,研究人员能够对其他因素进行严格控制,只改变自变量,监测因变量的变化。

实验室实验和现场实验各有优缺点,也各有适用情境。两种实验法的主要优劣势对比如表4.1所示。

表4.1 实验室实验和现场实验主要优劣势对比

对比项	实验室实验	现场实验
被试是否察觉参与了实验	是	否
接近现实的程度	低	高
不相干因素	少	多
实验的可控性	好	差
实验花费	低	高

由于实验室实验可以对实验过程和因素进行有效的控制,研究人员可以尽量排除已知的干扰因素,所以内部效度比较高。一个实验的内部效度是指在多大程度上能够确认因变量的变化确实是由自变量的变化引起的。不过,实验室实验也有明显的缺点:在实验室实验中,研究人员营造了特殊的实验环境和条件,使被试和实验过程都处在一个"非自然态",而且受实验室自身规模和经费等所限,测试样本难以完备,所以外部效度比较低。外部效度是指在多大程度上一个实验的结果能从它自身的被试和实验环境中被扩展到其他的被试和实验环境中去。一个实验者总是希望他得到的实验结果能够代表一个普遍的现象,因此实验者很关心实验的可重复性,也就是实验结果是不是在不同的被试和实验环境下仍旧能够被重复证实。如果一个实验结果只对某一个学校的学生有效,这样的研究结果必然不具备理论上的可靠性。

现场实验由于发生在自然的环境中,很多潜在的可以影响实验结果的因素不能得到很好控制,内部效度往往比较差。不过,一个精心安排的现场实验通常会尽量去除那些实验者能够预见到的干扰因素。另外,由于现场实验的实验环境是天然态,测试样本相对比较完备,因而具有较高的外部效度。

一个实验的内部效度和外部效度如果都相当高,自然是再好不过了。但是多数情况下内部效度和外部效度是一对矛盾,很难在同一次实验中同时满足。在不能做到两全其美的情况下,如果一项研究更加关注两个变量之间的因果关系,实验室实验会是一个更好的选择,因为在实验室中我们可以通过各种手段来去除其他无关因素的影响。实际上,内部效度高是外部效度高的必要不充分条件。在必要的情况下,我们可以先在实验室里对假设进行检验,以明确自变量与因变量的因果关系,然后在自然环境中用现场实验的方法再次进行实验,来检测这个假设的外部有效性。

四、实验的效度

实验的效度是指实验结果的有效性程度,包括内部效度和外部效度。在实验中,有些实验方式或事件会影响效度,我们把这些实验方式或事件称作效度威胁因素。它按照直接影响内部效度或者外部效度的情形分为内部效度威胁因素和外部效度威胁因素等两类。

1. 常见的内部效度威胁因素

(1)偶然事件。在实验进程中,有些事件会突然发生,这些事件会影响被试在实验中的反应,影响测试结果。实验环境复杂、可控性差的现场实验受到影响的可能性一般会更大。大多数情况下,我们意识不到的某些事件会影响被试,所以设计随机性实验和设置对照组实验,对降低偶然事件对实验结果的影响有一定帮助。

(2)被试选择偏差。这是指被试被主观意愿左右,进入不同的实验组。不同实验组被试的差别可能会影响实验结果。我们可以通过随机分配被试进入不同实验组的方式来降低被试选择偏差对实验结果的影响。

(3)实验者偏差。这是指实验者本身的行为所导致的偏差。比如,如果实验操作者事先知道所要检验的假设,在进行实验的过程中,就可能有意或者无意地做出某些行为,影响不同实验情况下的被试反应。为了去除实验者偏差,我们通常要求不能让执行实验的人了解实验所要检验的假设,即我们需要一个不知道所要检验的假设的人来执行实验。这就是实验法中经常做的"双盲设计",这是指既不让执行实验的人知道实验假设,也不让被试猜出实验假设。

(4)测量手段。在实验中用到的各种手段和工具会影响测试结果。如果实验中的测量手段和工具有偏差,必然会导致实验结果的偏差。因此,在实验中一定要保证测量手段和工具的有效性。

(5)成熟程度。随着年龄的增长,人们的心理和生理会逐渐成熟,进而对实验产生影响。一般只有实验周期很长时,人们才需要考虑这种影响。当被试是儿童时,我们要特别注意这种影响。比如有些研究表明,即使没有受到任何治疗,大多数大学生也会在6个月内从心理消沉期走出来,如果有人做新药剂实验,测试结果表明服用药剂的大学生会在6个月内从心理消沉期走出来,那么显然我们不能认定药剂有疗效。我们可以采用随机性的对照实验组来解决这个问题。

(6)偶然减员。实验中,一些被试可能会退出实验,从而影响测试结果。因为不知道退出的被试与其他完成实验的被试有什么区别,我们很难解释这会对实验结果造成什么影响。为了避免这种情况,我们可以在正式实验前做预测试,了解被试特性。随机选择被试可以降低偶然减员对实验的影响。

(7)测试关联。在实验之前进行相关度比较高的事前测试(即前测)可能会使被试对实验更加熟悉和敏感,从而提高测试效果。这时应该加入对照组来消除测试关联的影响。

(8)统计回归。典型情况是研究极端组时,测试值的变化会比研究一般群体时大得多。属于极端组的被试很可能会在下一次测试中向均值靠近。这就是统计回归现象。要消除统计回归的影响,一种选择是避免研究极端组,在实验中排除极端组;另一种选择是对被试进行随机分配,增加对照组。

(9)多重因素作用。两种或两种以上的效度威胁因素会同时起作用,我们称为多重因素。比如实验者因为知道实验目的而自己对被试进行实验分组,那就属于选择性偏差和实验者偏差因素的多重作用。

2.常见的外部效度威胁因素

(1)样本不具代表性。这是指作为样本的被试不能代表总体的情况。比如研究中国大学生对手机品牌倾向的影响时,如果只研究一线城市的大学生对手机品牌倾向的影响,那就不具有代表性。实际上,很多其他因素都可以使样本不具有代表性。如果样本不具代表性,则实验结果无法推广到总体去,从而导致实验的外部效度差。保证样本具有代表性是保证外部效度的基石。

(2)传递效应。随着实验的进行,被试会随时间发生变化,进而影响测试结果。比如实验时间过长,被试可能会感到疲惫、厌倦(这是实验中常见的疲劳效应)。再比如,在实验进程中被试可能对实验越来越熟悉,表现也越来越好,后半部的实验表现比前半部要好(这是实验中常见的练习效应)。这种传递效应可通过实验设计来解决,本书后面章节的实验设计中介绍的随机组设计和拉丁方设计是常用的处理方法。

(3)霍桑效应。这是指当研究人员存在时,由于紧张等因素,被试的表现会与平时不一样。如果我们不知道这种差别是否会对测试结果产生重大影响,那么应该怎么处理呢?一个取巧的办法是再安排一个对照组,对照组与实验组一样会被观察,但是不需要接受测试,目的只是测试霍桑效应。

(4)需求特性。被试在参与实验时很自然地去猜测实验者到底想要检验什么,在实验中能引导被试作出猜测的线索被称为需求特性。一旦一些被试对假设作出猜测,他们在实验中的行为会或多或少受到影响。一些被试会根据他们自己对假设的猜测故意做出和假设一致的行为,而另外一些被试也许会故意做出跟其猜测相反的行为。不管被试的行为和假设一致还是相反,实验结果的效度都受到了影响。因此,为了减少需求特性从而降低被试猜测出一个实验假设的可能性,需要设计一个缜密的实验,能较好地隐藏实验者的真实意图,以避免被试猜测出真实的实验意图,并有意调整自己的行为。这就是我们前面提到的,需对实验进行"双盲设计"。

(5)安慰剂效应。安慰剂效应指被试即使没有真的接受实验或某种对待,也会给出有效反馈。典型例子是药剂实验,被试即使服入的不是真药剂而是安慰剂时也经常会感觉好很多,并给出药物有效果的主观反馈。不让被试知道自己正在被测试自然是最好的做法。如果不可以的话,至少不能让被试知道实验的目的。

第二节 实验设计

接下来,我们将通过介绍一些实验设计方法的实例来阐述如何进行实验设计。我们将介绍以下九种实验设计的方法,它们分别是无对照组事后设计、无对照组事前事后设计、有对照组事后设计、有对照组事前事后设计、完全随机设计、随机区组设计、拉丁方设计、被试内设计、被试间设计。这是按不同标准进行的分类,这九种实验方法之间不是相互排斥的。

这里我们先解释两组概念。对照组是指不接受自变量激发的一组或几组对象;与之相对的是实验组,实验组是指接受自变量激发的一组或几组对象。实验组和对照组在实验之前各方面条件和状态都基本一致。事后,也称后测,是指在实验激发之后对因变量所做的测量；与之相对的是事前，也称前测，是指在进行实验激发之前对因变量所做的测量。

一、无对照组事后设计

这种方法既无控制组，也无事前测量，只是根据事后测量作"粗略"判断。

例如，某制鞋厂认为其鞋子售价偏高，销售不理想，遂在原价位基础上调低10%进行实验性销售。鞋子降价后，销售额比上年同期增长20%。该厂经理认为，如果不采取降价措施，企业绝不会取得如此理想的销售效果，于是决定实施降价策略。

在这个实验设计中，只有实验组（即鞋子降价组），没有对照组（即鞋子没降价组），只对实验后（即降价后）销量进行了测量（后测），却没对实验前（即降价前）进行测量（前测）。没有进行前测，那么怎么才能知道实验操作是否起作用了呢？本例中是跟上年同期销量进行对比。其他实验中也可能是对某个标准进行对比，比如考试成绩跟60分进行对比。无对照组事后设计的实验方法不是建立在严格的可行性研究基础之上的。

上例是一种典型的无对照组的事后设计。严格来说，这不是一种"实验"，至多只能叫"探测性"实验，因为它不是建立在严格的可行性研究基础上，仅凭主观判断即做出了决策。从上例看，销售额的增长有可能是由于降价策略引起的，但也不排除其他随机性因素的影响或交互影响，如意外的大量订单等，都有可能导致销售额的增长。不分青红皂白，一笔账全算在"降价"头上，很可能导致决策失误。

二、无对照组事前事后设计

事前对实验前的情况进行测量记录，然后再测量记录实验后的情况，进行事前事后对比，通过对比观察了解实验变化的效果。无对照组的事前事后设计也被称为前后单组对比实验。

例如，某公司拟扩大洗发水销量，经研究认为应改变原来的包装，但对新设计的包装效果没有把握。为此，公司决定采用无对照组的事前事后设计进行一次实验调查。公司选择了该厂三种有代表性洗发水的包装作为实验对象，实验期为两个月。先记录三种原包装洗发水在两个月内的市场销售额（事前测量），然后改用新包装，两个月后再计算这三种新包装洗发水的市场销售额（事后测量）。实验调查结果如表4.2所示。

表 4.2 包装改变前后洗发水销售额的变化   单位:元

洗发水规格	事前销售额(Y_1)	事后销售额(Y_2)	变动(Y_2-Y_1)
大瓶	2000	2400	+400
中瓶	1300	2200	+900
小瓶	2600	3400	+800
总计	5900	8000	+2100

表 4.2 的实验结果说明:采用新包装后,洗发水的销售额增加了 2100 元。因此,该公司采用新包装是可行的。

上例虽然得出了该公司采用新包装是可行的结论,但并不能说明采用新包装后销售额与实验前旧包装的销售额有显著差异。无控制组的事前事后设计虽然直观、简单,表面上看似比较科学,实验效果比无控制组的事后设计要好,但事实上该方法仍然没有消除实验外因素的影响。因此,无控制组的事前事后设计实验误差还是比较大。

事前事后实验设计的另外一个考量是排除先前条件不一致所导致的对实验结果的影响。比如,我们现在想要探究:背景声音是否会影响人们的阅读速度?选择舒缓的音乐和烦躁的音乐作为自变量的两种水平,在同一时间、相似的环境下,分别测量这两种背景音乐下两组人对相同材料的阅读速度,测量得到的结果分别为 Y_1 和 Y_2。但此时 Y_1 和 Y_2 的比较并不能直接反映出不同背景音乐对人们阅读速度的影响。因为,可能这两组人本身的基础阅读速度并不相同,即两组人的起点并不一致。这时我们可以通过前测排除这两组人本身的基础阅读速度的影响。前测是测量这两组人在安静环境下(即没有背景音乐时)的阅读速度,分别为 X_1 和 X_2。这时的实验效应是比较 Y_1-X_1 和 Y_2-X_2 的值。通过比较增量(即增加的速度)来排除先前条件不一致对因变量的影响。

三、有对照组的事后设计

有对照组的事后设计是同一时间内对对照组与实验组进行对比的实验调查法,也被称为对照组对比实验。这种实验方式主要通过实验组与对照组的事后测量对比来进行判断。实验中对照组和实验组要处在相同或相似的实验环境中,这有利于排除控制变量对实验结果的影响。

例如,有一家卖衬衣的企业想通过投放电视广告来提升销量。那么,电视广告是否起作用呢?该企业需要通过一个实验设计来进行验证。该企业找了两个市场环境相似的城市(城市 A 和城市 B)来进行实验。实验组在城市 A 中进行,投放电视广告,3 个月后测量销量为 1500 万件。对照组在城市 B 中进行,不投放广告,同样在 3 个月后测量销量 1000 万件。由于对照组和实验组处在相似的环境中,造成 500 万件销量的差异,可以完全看成是自变量(即投放广告)所造成的。

这是一种典型的有对照组的事后设计,它与无对照组的事后设计相比,一个突出的优点在于,通过与"参照物"(即对照组)的对比,可以凸显实验变量的效果。但这种实验方法仍然存在一定的缺陷,尤其是没有对实验前的情况进行测量,实验的变动量不能全部被认为是实验实施的结果。

四、有对照组的事前事后设计

有对照组的事前事后设计是在同一时间周期内,随机抽取两组条件相似的单位,一组作实验组,另一组作对照组,并在实验开始前进行前测。在实验后分别对两组进行后测,比较两者绝对值的变动量。有对照组的事前事后设计也被称为前后对照组对比实验。这种方法既可以考查实验组的变动结果,又可以考查对照组的变动结果,从而有利于消除外来因素的影响,提高实验变量的准确性。

例如,某企业在 2020 年初想引进一条新的生产线,借此来产生更多的利润。企业要验证的是,新的生产线能否比旧的生产线产生更大的利润。该企业选取了 2 条条件基本相同的生产线通过实验设计来进行验证。对照组在 2020 年不换生产线,仍然用原先的旧生产线;实验组在 2020 年换生产线,换成新生产线。两组在 2019 年(实验前)和 2020 年(实验后)的利润如表 4.3 所示。

表 4.3 引进新生产线能否提升利润

单位:万元

组别	实验前利润(2019 年利润)	实验后利润(2020 年利润)	变动
对照组	1000	1200	+200
实验组	1000	1600	+600
差值	—	—	+400

表 4.3 表明,从实验组看,增加利润 600 万元,但这并不完全是使用新生产

线带来的结果,其中还包括外来变量的影响。外来变量所造成的增加部分可以从对照组实验前后的利润变动量反映出来(1200－1000＝200),这一部分应根据实验组的事前事后变动量来剔除。所以,真正由于实验(即换成新的生产线)导致利润增加的部分只有400万元(600－200＝400)。

五、完全随机设计

完全随机设计是指将被试随机分配到不同的实验条件下的实验设计。这种方法通过随机化减少了被试的个体差异对实验结果的影响。在实验中,不同实验组被试本身的差异对实验结果的影响也不容忽视,完全随机设计就是为了排除这种影响。

例如,有学者要探究价格与质量的关系。该研究想探究人们对商品质量的感知是否与商品的定价相关。在该实验中,240 名被试随机分配到 8 个实验组中,每组 30 人,每个被试品尝同一组食品,然后在 7 点量表中评价食品的质量。这 8 个实验组的被试品尝的是同一组食品,每个实验组的食物的定价不同,分别定价为 29~89 元,还有一组没有给出定价。

实验组对不同定价食物的评分如表 4.4 所示。

表 4.4 不同定价的食物的评分

食物的定价/元	实验组	平均质量评分
29	T1	3.74
39	T2	4.29
49	T3	3.81
59	T4	4.54
69	T5	4.21
79	T6	3.52
89	T7	3.13
不显示价格	T8	3.00

实验结果如表 4.4 所示。在表中可以看到,定价 59 元时,人们认为食品的质量最高。不显示价格时,人们认为食品的质量最低,其次是定价 89 元时,将被试随机分配到不同的实验组中,就在理论上将被试的差异消除了,从而排除了被试本身的差异对实验结果的影响。

六、随机区组设计

随机区组设计是将整个实验划分成若干个区组,区组数与重复数相同,实验处理在区组内随机排列。随机区组设计要求每一个区组都要接受所有实验处理。

例如,某个连锁企业需要开展促销活动,现有三种促销手段,该企业需要确定哪种促销手段更好。该企业选择了六家店在三周的时间内按以下的区组进行实验,来检验三种促销手段的效果。在这个表中 T1、T2 和 T3 分别表示的是三种促销手段。我们注意到在这六个区组中,T1、T2 和 T3 出现的顺序都是不一样的,这是为了消除不同促销手段出现的时间先后顺序对实验结果造成的影响(表 4.5)。

表 4.5　用随机区组设计检验三种促销手段的效果

商店名称	第一周	第二周	第三周
商店 1	T1	T2	T3
商店 2	T1	T3	T2
商店 3	T2	T1	T3
商店 4	T2	T3	T1
商店 5	T3	T1	T2
商店 6	T3	T2	T1

这种随机区组设计在需要被试完成所有的实验操作的情况下经常被使用。比如在这项研究中,所有商店都需要完成 T1、T2 和 T3 三种促销活动。要完成多种实验操作必然涉及哪种操作在先、哪种操作在后的问题。这就会产生"顺序效应",常见的"顺序效应"是"练习效应"和"疲劳效应"。"练习效应"是指被试由于在做前面的任务时对任务已经熟悉了,因而后面的任务比前面的任务做得更好。而"疲劳效应"则正好相反,是指被试做了前面的任务而产生疲劳,导致做后面的任务比做前面的任务表现得更差。为了避免产生"顺序效应",需要将所有的实验操作出现在所有的顺序中。因此,本例中将三种促销手段可能出现的所有顺序都呈现了出来。三种促销手段共有六种顺序,即组成了六个区组,每个区组选择了一个商店来进行实验操作。

随机区组设计虽然很好地解决了实验中的"顺序效应",但也存在一些问题。

其中,最大的问题是随着自变量水平(即实验操作)的增加,需要的区组也随之增加。从表4.6中我们可以看出,当自变量水平为4时,区组就已经到24组了。当自变量水平为5时,区组就已经到120组了,需要的区组数量太多,导致实际实验操作难度太大(表4.6)。因此,随机区组设计只适用于变量水平为2和3时。那么,当自变量水平大于3时,如何来消除实验操作的"顺序效应"呢?这就需要使用拉丁方设计了。

表4.6 自变量水平与区组数量的对应关系

自变量水平	区组数量
2	2
3	6
4	24
5	120
6	720

七、拉丁方设计

拉丁方设计是一种为减少实验顺序对实验的影响而采取的一种平衡实验顺序的实验设计技术。拉丁方设计通过将不同的实验处理排列在一个方阵中,使得每一行和每一列都包含所有不同的元素,并且每个元素都只出现一次。

例如,某连锁水果超市需要开展促销活动,现有五种促销手段,该企业需要确定哪种促销手段产生的效果更好。该企业分别选择五个城市的水果超市在五周的时间内,用实验方法来检验这五种促销手段哪种效果最好。如果用随机区组设计,需要120个区组,这显然不适宜。这时候我们就可以用拉丁方设计来解决这个问题。表4.7显示的是拉丁方设计的实验设计,在这个表中,T1、T2、T3、T4和T5分别表示的是五种促销手段。在这个实验设计中,每种促销手段巧妙地出现在每个顺序中。

表4.7 用拉丁方设计来检验五种促销手段的效果

实验时间	城市A	城市B	城市C	城市D	城市E
第一周	T1	T2	T3	T4	T5
第二周	T2	T3	T4	T5	T1

续表 4.7

实验时间	城市 A	城市 B	城市 C	城市 D	城市 E
第三周	T3	T4	T5	T1	T2
第四周	T4	T5	T1	T2	T3
第五周	T5	T1	T2	T3	T4

那么,如何进行拉丁方设计?如何设计自变量各水平出现的顺序?以 5 个自变量水平(即 T1 到 T5)为例,先在横向第一排将 T1 到 T5 按顺序排列,再在纵向第一列将 T1 到 T5 按顺序排列。然后按横向(或按纵向)、按顺序进行循环排列。

按拉丁方设计,当自变量水平为 5 时,只需要 5 组被试就可以了。当自变量水平为 6 时,只需要 6 组被试就可以了。依此类推,自变量水平为几,就只需要几组被试。这就比随机区组设计大大节省了实验组的数量。

八、被试内设计

被试内设计也称为组内设计,是指一组被试参与了所有自变量水平的实验操作。前文的随机区组设计和拉丁方设计都属于被试内设计。在被试内设计中,只有一组被试,且这组被试参与了所有的自变量水平的实验操作。因此,被试内设计消除了被试的个体差异对实验结果的影响。同时,需要参与实验的被试人数较少。被试内设计最大的缺点是被试参与了所有的实验操作,这导致前面的实验操作会对后面的实验操作产生影响,这种影响主要是前文"顺序效应"中的"练习效应"和"疲劳效应"。因此,在被试内设计中要考虑排除掉"顺序效应"的影响,这可以通过随机区组设计和拉丁方设计来解决。被试内设计的被试安排见表 4.8。

表 4.8 被试内设计的被试安排

实验条件 A	实验条件 B	实验条件 C
被试 S1	被试 S1	被试 S1
被试 S2	被试 S2	被试 S2
被试 S3	被试 S3	被试 S3
⋮	⋮	⋮
被试 Sn	被试 Sn	被试 Sn

九、被试间设计

被试间设计也称为组间设计,是指每组被试只参与到一种实验操作中,不同的实验操作需要不同组的被试来完成。我们前面讲的完全随机设计就是一种被试间设计。由于每种实验条件是不同的被试组来完成的,这就使得被试间设计的最大优点是各组实验操作之间是相互独立的,彼此互不干扰。最大的缺点是不能排除被试间个体差异对实验结果的影响。这可以通过使用完全随机设计来消除或减少个体差异对实验结果的影响。被试间设计的被试安排见表4.9。

表4.9 被试间设计的被试安排

实验条件 A	实验条件 B	实验条件 C
被试 A1	被试 B1	被试 C1
被试 A2	被试 B2	被试 C2
被试 A3	被试 B3	被试 C3
⋮	⋮	⋮
被试 An	被试 Bn	被试 Cn

被试间设计和被试内设计正好是一组相对的实验设计,这两者之间的优势和劣势可以互补。表4.10列出了这两种实验设计的主要优势和劣势。

表4.10 被试内设计和被试间设计主要的优势和劣势

实验设计方法	优势	劣势
被试内设计	消除了被试个体差异对实验结果的影响;需要的被试数量较少	实验操作间存在"顺序效应"的影响
被试间设计	各组实验操作之间相互独立,互不干扰	被试间个体差异对实验结果存在影响;需要的被试数量较多

主要参考文献

陈晓萍,徐淑英,樊景立.组织与管理研究的实证方法[M].北京:北京大学出版社,2010.

刘军.管理研究方法原理与应用[M].北京:中国人民大学出版社,2019.

涂平.市场营销研究方法与应用(第三版)[M].北京:北京大学出版社,2020.

王冲,李冬梅.市场调查与预测[M].上海:复旦大学出版社,2014.

张一中.心理学的研究方法与应用[M].上海:复旦大学出版社,1998.

邹农俭.社会研究方法通用教程[M].北京:中国审计出版社,2002.

COOK T D,CAMPBELL D T. Quasi-experimentation:Design and Analysis Issues for Field Settings[M]. Chicago:Rand McNally,1979.

DOUGLAS C. MONTGOMERY. Design and Analysis of Experiments(Sixth Edition)[M]. New York:John Wiley and Sons,2005.

ELMES D G,KANTOWITZ B H,ROEDIGER H L. Research Methods in Psychology[M]. Pacific Grove,CA:Brooks/Cole Publishing,1999.

SCHWEIGERT W A. Research Methods in Psychology[M]. Long Grove,IL:Waveland,2006.

第五章 问卷调查法

问卷调查法(简称"问卷法")是管理学实证研究中最为普及的方法,其实用性主要体现在四个方面:①如果实施得当,问卷法是最快速有效的收集数据的方法。②如果量表的信度和效度高,样本数量大,研究者可用问卷法收集到高质量的研究数据。③问卷调查对被调查者的干扰较小,因而比较容易得到被调查企业及员工的支持,可行性高。④问卷调查成本低廉,是实地研究中最经济的收集数据的方法。

实地研究中的问卷法基于如下假设条件:①大多数的参与者将会认真地阅读和回答问卷中的所有问题。②大多数的参与者有足够的能力理解问卷中的问题。③大多数的参与者将会提供真实而坦诚的答案。

问卷本身的质量直接影响参与者在填写问卷时的态度和行为。一份词不达意或语句唐突的问卷会使答卷者对研究人员失去信赖,从而草草了事。一份冗长的问卷会使答卷者疲惫厌倦,其结果或是留空页不做回答,或是在某一类问题中圈下同样的答案,以求迅速完成问卷。这些情况会导致答卷的质量低下,而低质量的答卷直接影响了研究水平。因此,要使以上陈述的假设条件成为现实,研究人员要在设计量表与问卷时下大功夫。本章旨在说明量表的选择与开发、效度和信度的检验以及问卷的设计与发放,剖析问卷调查法的特色与优缺点,让读者能熟悉问卷调查法的做法。

第一节 沿用现有量表

在进行问卷设计时,首先需要考虑的问题是问卷中量表的选择。量表主要来源于两个方面:一是沿用现有量表,二是自行设计量表。学者们已做了大量的研究实证工作,创建了大量的研究量表。我们可以沿用前人研究的现有量表来从事相关的实地研究。反之,如果我们在实证研究中没有现成的量表可以借鉴,那么就需要自行设计一个量表。

许多学者在从事问卷调查前,首先想到的是如何利用现有可靠的量表,这是一种相当普遍的现象。那么,怎样找到前人的量表呢?从以往的论文中去寻找是最方便的途径。这主要包括两个方面:一是从期刊论文中去寻找。期刊论文中有时也会将量表的内容阐述出来,期刊论文中的量表往往认可度高。但期刊论文中的量表往往由于论文篇幅的问题不会全部呈现出来,在期刊论文中找到完整的量表往往比较困难。二是从硕士、博士学位论文中去寻找。硕士、博士学位论文是要求将所用的问卷和量表在附录中完整地呈现出来的,因此在硕士、博士学位论文中往往能够找到相关的量表。

一、沿用现有量表的好处

1. 在文献中占显著地位的量表一般有较高的信度和效度

量表的价值取决于其信度和效度。信度和效度我们将在后文自行设计量表时进行阐述。文献中占有一定地位的量表,往往具有较高的信度和效度。换言之,这些量表往往已被不同的研究人员在不同的研究环境和不同的被调查群体中使用过。反复的应用确保了这些量表能贴切地测量它们所代表的概念和变量(效度),也证实了这些变量的稳定性和准确性(信度)。信度和效度高是量表成熟性的标志,而使用成熟的量表风险较小。

2. 在文献中被反复使用的量表认可度高

发表在权威期刊上的论文必然经受过严格的专业审核。在论文审核的过程中,论文中使用的量表的信度和效度是重要的审核标准之一。使用不可靠的量表绝对不可能产生可靠的研究结果,论文亦无可能在权威期刊上发表。换言之,在权威期刊上发表的实证论文必须建立在翔实的实地研究基础之上,而翔实的实地研究必须基于可靠的量表。这样就造成了一种循环:在权威期刊上发表的实证论文常常沿用高质量的量表,这些论文的发表强化了这些量表的权威性,使更多的研究人员使用这些量表,而对这些量表的反复使用有助于提升其质量,使相关文章更容易被一流期刊发表。在这样的循环过程中,反复使用的量表在学术领域渐渐产生品牌效应,学者们使用它们,学术界认可它们。

二、沿用现有量表的局限性

1. 文化上的局限性

系统的管理学研究起源于国外,大多数现有的理论和量表都是在对国外管理学现象进行观察和总结的基础上建立的。将其应用在跨文化的环境中,则需要仔细研究其跨文化的实用性和可行性。如果在中国情境下的研究中引用了西方文化基础设计的"自我概念"量表,两种文化对自我概念的认知显然存在差异。众所周知,中国的传统文化与国外有很大的差异。虽然飞速发展的现代化进程在相当程度上缩减了文化上的差异,但是民族文化的内涵以及对人的心态和行为的影响仍是不可忽视的。我们在进行研究时要时时注重中国文化的独特性和西方理论及量表的局限性,对国外的量表要审慎而灵活地采用。

2. 时间上的局限性

一个成熟量表的形成需要漫长的时间。在这个过程中,许多环境因素都可能发生变化,从而对量表的持续可行性需要予以调适。我们在沿用现有量表的时候,要考虑量表所测量的概念是否过时、所依据的环境是否已改变、对同一概念是否已有新的量表、新生的量表与旧有的量表有什么相关性和互补性等这一系列的问题。对此,我们在沿用现有量表时,一定要查找最新的量表。

3. 语言上的局限性

沿用国外的现有量表,翻译的准确性是研究者面临的一个严峻的考验。回译是一种被广泛接受的方法。回译即用两组不同的研究人员分别翻译同一个量表。比如,将英文量表翻译成中文以后,由另一组研究人员将量表再从中文翻译成英文,两组研究人员可共同研究在双重翻译中产生的差异,并予以解决。反向翻译的重点在于提高翻译的准确程度,有效地帮助研究人员减少在翻译中出现的主观偏差。需要指出的是,即使是最严格的反向翻译甚至三重翻译,仍不能彻底解决在翻译量表中存在的客观障碍。

客观障碍的来源之一是词语的外延。每一个词语都有其内涵和外延。内涵为其具体代表的内容,而外延则是与此词语相关的情境与概念。即使是最杰出的翻译家,也难以"翻译"出词语的外延,因为人们对词语外延的理解是因人而异、因文化而异的。翻译中客观障碍的另一来源是语义学上的差异。英文和中文在表达的细腻程度和方式方法上都有差异。中文起源于象形文字,对现象的表达力求精确和细微。相较而言,英文是一种更直接、更简约的语言。有些英文词语翻译成中文后,往往可以有多种词义的选择。而在选择的过程中,不得不代入研究者的主观意愿。

三、沿用现有量表时的注意事项

(1)要确认量表的适用性。适用性可从多个方面进行分析,包括概念、文化和样本上的适用性。即选用的量表是否全面、准确地测量了我们想要测量的概念?选用的量表是否符合我们的文化习俗?选用的量表是否可以普遍应用于不同的样本群体?

(2) 要确认量表的可行性。需要注意的是,并非所有的量表都是可以随意无偿使用的。研究人员应主动与量表的创建者联系,得到量表的使用许可。

(3) 一旦选定了量表,研究人员应尽量沿用其量表中所有的题目,不要任意删改。因为删改题目很可能会影响该量表的信度和效度。除非有理论上的合理性,否则不应随意删改。即使是建立在有理论依据上的删改题目,也必须仔细地测试和确认该量表在删改题目后的信度和效度。

(4) 要确保量表翻译的质量。如果选用的是其他语言(如英语)的量表,将量表翻译成中文使用时,要确保量表翻译的质量。正如前文所述,翻译时要采用回译的方法。如果一量表已有现成的译本,且该译本已被证实有相当高的信度和效度,则可选用现有的译本。

第二节 自行设计量表

在管理学的研究中,以下三种情况需要自行设计量表:①现有的量表不能满足当前研究的需要;②研究的目的在于测试某一概念的跨文化应用性;③研究的目的在于开发新的概念或量表。

一、量表的开发

1. 测量项目生成

量表开发第一步是要创建一组用于评价所研究构念的测量项目。生成测量项目的关键是开发一个定义明确的理论基础,通过该理论基础为我们指明待开发量表的内容域。我们所开发的测量项目应当尽可能地覆盖内容域。一旦对待研究的构念的理论基础有了全面的理解,就可以开始创建初始的测量项目集。生成测量项目有两种基本策略:演绎法和归纳法。

演绎法是直接根据理论基础生成初始的测量项目,使用这种策略的前提是已有理论框架提供了生成测量项目所需的足够信息。演绎法要求我们对所要研究的概念或现象有深入的理解,并要对文献做全面的回顾,这样才能开发出所研究的概念的理论定义,再从理论定义出发来生成量表的测量题目。通过对构念的充分定义,量表项目可以广泛地涵盖我们感兴趣的内容域。该方法的缺点在于非常耗时,并需要我们对所研究的现象有着深刻的把握。在探索性研究中,许多时候我们无法对不熟悉的环境加以测量,因此演绎法是不合适的。在大部分存在理论的验证性研究中,演绎法还是非常适用的。

归纳法则是让一小群受访者描述所要研究的概念,然后对这些受访者的回答加以分类,再在分类的基础上生成测量项目。常见的分类方法有基于关键词或主题的内容分析法和 Q 分类法。在进行分类时,通常要有多个评判人。当进行探索性研究或很难生成用来表示抽象概念的测量项目时,归纳法非常有效。困难在于如何解释受访者的描述。

生成测量项目后,确定测量项目还需要遵循以下原则:①语句要尽可能简单,尽可能使用受访者熟悉的语言。②所有的测量项目都要尽可能地保持一致。③每个测量项目只应当测量一个问题,不要同时在一个项目中测量两个及以上问题。④应当避免使用带有倾向性的问题,要使用中立的语境。⑤不应当使用所有的受访者会产生同样回答的测量项目,这样会没有区分度。⑥否定性的措辞和逆向评分应当慎用。

2. 预测试

预测试过程是用来评价量表的内容效度。当把测量项目和概念的定义拿给评判人看时,要求他们评价测量项目与概念的匹配程度。简单说就是让评判人评估量表的项目是否符合要测量的概念的定义。经过评判人评估后,在最终的量表中,大部分概念的测量项目应保持 4~6 个。一般来说,在最终量表中大概有一半原始的测量项目会被删除,因而每个概念的测量项目在预测试阶段应保持在最终想留下的测量项目数量的两倍以上,即保留 8~12 个测量项目。

3. 测量项目精简

进行预测试之后,我们还可以用定量的方法,主要是探索性因子分析法,以进一步对测量项目进行精简,删除那些概念上不一致的测量项目。首先我们需要选取一个能够代表真实总体的样本进行数据收集,用以验证测量项目是否能够达到我们的期望目标。一般需要收集 150 个及以上样本的数据,或者收集测量项目数量 10 倍的样本数据。收集好数据后,我们需要对这些数据进行探索性因子分析。探索性因子分析后还需要对量表的信度进行检验,最常用的信度指标是 Cronbach's α 系数。

应当注意,在开发量表时,因子结构越精简越好,应当只保留那些明确与某一公因子相关的测量项目。我们的目标是要找出那些最能代表潜在概念所在内容域的测量项目。在探索性因子分析过程中,可以删除因子载荷不合适的测量项目,重复这一过程,直至得到清晰的因子结构矩阵,同时测量项目的方差被解释的比例也很高为止。具体操作过程将在第 8 章进行阐述。

信度是指对同一对象进行重复测量时,所得结果的一致程度。信度是对量表的一致性或稳定性的衡量。可以通过多种方式计算信度,但是最常用的用于评价内在一致性的信度指标是 Cronbach's α。Cronbach's α 值越大说明测量项目间的相关度越高,也说明这些测量项目确实反映了所要测量的内容域。Cronbach's α 值至少要达到 0.7 以上。

4. 小规模研究

在这一步中,需要重新抽取一个样本对精简后的量表进行验证,即验证性因子分析,对精简后的量表的信度和效度进行验证。首先要重新选取一个能够代表真实总体的样本进行数据收集。收集的数据样本量和上一步一样。请注意,一定要重新选取一个新样本,而不能用前面进行探索性因子分析的样本。对重新选取的样本进行验证性因子分析。验证性因子分析用于验证前面的探索性因子分析的因子结构,检验量表的结构效度。结构效度是指测量结果体现出来的某种结构与测值之间的对应程度。

验证性因子分析通常用结构方程模型来做。在结构方程模型中,通过比较模型拟合优度指标是否达到了标准,达到标准的指标有多少等来综合评判量表的结构效度。模型拟合优度有两类指标:绝对拟合优度和相对拟合优度。

对新样本进行验证性因子分析后,还要对其他效度进行检验,常见的是检验聚合效度、区分效度和准则效度。聚合效度是指测量同一概念的测量项目之间应当高度相关。区分效度是指测量不同概念的测量项目之间的相关度较低。准则效度是指我们新开发的量表测量的概念与其他相似概念之间关联度较高。

聚合效度和区分效度通常用多质多法(MTMM)来评价。在 MTMM 中,首先需要构造 MTMM 矩阵,计算同一构念在不同测量方法下的相关系数,不同构念在相同的测量方法下的相关系数以及不同构念在不同测量方法下的相关系数。当用不同方法测量同一构念的相关系数显著地不等于 0,并且其足够大时,就认为聚合效度良好。当满足以下三个条件时,就认为区分效度良好。第一,同一构念在不同方法(同质异法)下的测量值的相关系数大于不同构念在不同方法(异质异法)下的测量值的相关系数;第二,同一构念在不同方法(同质异法)下的测量值的相关系数大于不同构念在同一方法(异质同法)下的测量值的相关系数;第三,不同构念在同一方法(异质同法)下的测量值的相关系数大于不同构念在不同方法(异质异法)下的测量值的相关系数。除了 MTMM 外,验证性因子分析的方法也被用来检验聚合效度和区分效度,且这种方法更简洁,相关内容在第 8 章阐述。

准则效度又称为效标效度。准则效度检验首先要确定准则,根据已有理论,选择一种指标或测量工具(量表)作为准则(效标)。如果用当前量表所得的测量结果与准则的结果相关,则存在准则效度。评价准则效度的方法常用的是相关分析或差异显著性检验。

二、报告量表开发过程

量表开发之后,我们需要在研究中报告量表的开发过程。量表的开发过程一般需要报告以下内容。

(1)报告测量项目的生成过程。尤其要清楚地说明测量项目如何与理论概念相对应。清楚地报告出测量项目的生成过程可使读者更清楚地评价和理解测量项目。

(2)报告进行预测试的过程,尤其需要清楚地阐述内容效度的评价过程。

(3)报告探索性因子分析过程。在研究中应报告的、与探索性因子分析相关的信息包括因子模式、估计共同度的方法、确定因子数量的方法、因子旋转的方法、解释因子的策略、所有因子的特征值、所解释的方差比例、完整的因子载荷矩阵、测量项目的相关矩阵、所采用的软件包、计算因子得分的方法、因子间的相关系数,等等。

(4)报告量表的信度和效度验证过程。信度一般报告的是内在一致性信度,即 Cronbach's α 系数。效度主要报告结构效度的检验过程和结果,即验证性因子分析过程和结果。同时,一般还要报告验证聚合效度和区分效度的方法和结果。此外,准则效度的验证过程和结果也要尽可能地报告。

三、量表的信度和效度

前文已经阐述过量表的信度和效度的概念和检验方法。以下内容将对量表的信度和效度的检验进行总结。

1. 信度

前文介绍了一种信度的评价方法,即内在一致性信度。实际上,常见的信度评价方法包括重复测试信度、复本信度和内在一致性信度。

(1)重复测试信度。这一方法是用同样的量表对同一组被调查者间隔一定时间重复施测,计算两次施测结果的相关系数。重复测试信度属于稳定系数。调查对象在尽可能相同的条件下,在两次不同的时间执行相同的量表项目,间隔时间一般为 2~4 周,通过计算相关系数确定信度。相关系数越大,信度越高。

(2)复本信度。复本信度是让同一组被调查者一次填答两份量表复本,计算两个复本的相关系数。复本信度属于等值系数。复本信度要求两个复本除表述方式不同外,在内容、格式、难度和对应题项的提问方向等方面要完全一致。而在实际调查中,很难使调查问卷达到这种要求,因此较少采用这种方法。复本信度要构建两个等价的量表形式,在两个不同时间,一般间隔 2~4 周,对同一组调查对象进行测试,对两个分值进行相关分析,相关系数越大,信度越高。

(3)内在一致性信度。内在一致性信度主要是评价求和量表的一致性。通常用分半信度和 α 系数(Cronbach's α)。如果 Cronbach's α 系数低于 0.7,通常意味着内在一致性信度较差。Cronbach's α 系数是目前最常用的信度系数。Cronbach's α 系数可被看作相关系数,其大小可以反映量表随机误差影响的程度,反映测试的可靠程度。系数值越大,则量表受随机误差的影响越小、越可靠。

2. 效度

常见的量表效度包括内容效度、结构效度、聚合效度、区分效度和准则效度。这几种效度的内涵和检验方法已在前文进行了阐述,这里进行简单总结,见表 5.1。

表 5.1 常见的量表效度的检验方法

效度	检验方法
内容效度	评判人评估量表的项目是否符合要测量的概念的定义
结构效度	探索性因子分析和验证性因子分析
聚合效度	多质多法(MTMM)、验证性因子分析
区分效度	多质多法(MTMM)、验证性因子分析
准则效度	量表得分与准则的相关性

第三节 问卷的设计与发放

问卷调查法是管理学研究中常用的研究方法,设计好问卷是成功实施问卷调查法的第一步。问卷是一种以书面形式了解被调查对象的看法,并以此获得资料和信息的载体。

一、问卷设计前的决策

在设计问卷之前,我们必须对如下问题进行决策。

(1)问卷中将要调查哪些变量。在做此决策前要充分考量一份问卷的可容量。要对研究内容标出重点、突出重点,避免设计出篇幅过长的问卷。一般将问卷长度控制在 10~15 分钟以内能够填完。

(2)问卷中变量之间是什么关系。一份问卷中往往包含了许多变量,变量之间的关系需要明确。比如预测变量、结果变量、调节变量、中介变量、控制变量等各自都是什么?包含哪些变量?我们要注意在问卷中均衡地分布这些变量的比重。我们不仅要关注问卷中测量重点变量的量表质量,也要关注测量其他变量的量表的质量。

(3)问卷中所含的变量是什么样的结构。即每个变量由哪些维度组成;每个维度应该用哪些题目来测试;研究人员需要从研究的实际出发,对具体维度进行具体分析,最后做决策。

二、量表的尺度

设计问卷时,要考虑量表的尺度问题。一般我们将量表的尺度分成四大类:名义法、顺序法、等距法和等比法尺度。

1. 名义法尺度

名义法尺度可以帮助研究人员将研究样本归组分类。如在测量参与者的性别时,参与者会被分为男和女两类,这两类的答案在编码成数字时,数字只代表类型。名义法尺度给了研究人员最基本的研究数据,尤其是百分比和频率,如果一个样本共有 120 名参与者,其中 50 名为女性,名义法尺度的测量可以让我们了解这次问卷中 41.67% 为女性。在这四种尺度中,名义法尺度是最粗糙、最基本的尺度。

2. 顺序法尺度

顺序法尺度比名义法尺度提供的信息多,不仅可将数据分类,还可将数据按顺序排列。对于需要排出顺序的变量而言,顺序法可以帮助研究人员了解人们对问题的重要性的选择偏好。比如,常见的各种名次,数字代表了顺序,有先后的区别。比如,在研究消费者对不同品牌手机的喜爱偏好时,研究人员可以用顺序法来将数据进行排序。

3. 等距法尺度

等距法尺度为问卷调查带入了算术含义。上文谈到的名义法注重于将数据分类,而顺序法注重于将数据排序,这两种尺度根本的性质都是非数量化的。等距法是典型的数量方法,它不仅帮助研究者将数据分类、排序,而且能进行一系列的数理统计。

等距法尺度的典型代表是 Liket 量表,该量表是管理学中经常用来测量态度和行为意向的量表。等距法尺度最大的特点是每两个标尺之间的距离是相等的。等距法尺度的起始点是任意的,即所编码的数字没有绝对零点,只有相对零点。编码的数字可以进行加减运算,不能进行乘除运算。表5.2是等距量表中Liket量表的例子。

表 5.2 Liket 量表(部分)

工作特征	极为重要	重要	中立	不重要	极不重要
与他人交往	1	2	3	4	5
使用不同的技巧	1	2	3	4	5
从开始到结束完整地完成一项任务	1	2	3	4	5
为他人服务	1	2	3	4	5
独立地工作	1	2	3	4	5

如表5.2所示,运用Likert量表时,在1与5之间的每个格度,数据点之间的距离是相等的。也就是说,在上面的量表中,1和2的答案之间的区别等同于4和5之间的区别。因而,等距法尺度在名义法尺度和顺序法尺度的优点之上,有数据点之间等距一致的长处。而这一长处是极为可贵的,因为它使得研究人员可沿用此尺度从事一系列的数量分析(如信度、回归分析等)。因此,等距法是管理学问卷实证研究中非常强有力的手段,亦是最为普通应用的尺度。

4. 等比法尺度

等比法尺度拥有与等距法尺度相同的许多长处。不同的是,等比法尺度有一个绝对的零点,因此它不带有等距法尺度在起点方面的任意性。在4种尺度之中,等比法尺度是最强有力的,因为它综合了以上所述的各种尺度的所有特点,而且拥有其他尺度所没有的长处。等比法尺度常被用于测量年龄、收入等变量。表5.3总结了这4种尺度的特征。

表 5.3 4 种量表尺度的特点

量表的类别尺度	特点					
	区别性	排序性	数据距离	独特起始点	尺度中心趋势	对数据分布的测量
名义	是	否	否	否	模式	—
顺序	是	是	否	否	居中点	四分位
等距	是	是	是	否	算术均值	均差
等比	是	是	是	是	几何均值	变量系数

三、问卷的结构

一份完整的问卷包含 5 个部分，分别是开头部分、甄别部分、主体部分、背景部分和结尾部分。

开头部分主要包括问卷标题、说明词、填写说明和问卷编号。问卷标题是对问卷调查主题的概括说明，要简明扼要，能引起兴趣。说明词是对整个问卷的说明，主要是简要阐述问卷是谁发放的，调查的内容和目的是什么，以及对参与调查者的感谢和保密申明等。填写说明是向调查者说明如何填写问卷、填写的要求、需要注意的问题等。问卷编号是由调查者对问卷在调查前或调查后进行的编号，用于识别问卷，以便于校对检查和更正错误。

甄别部分是通过一些问题设置来识别被调查者是否符合调查研究的需要。比如，调查对象是大学生时，可以设置一道题"您是大学生吗?"选"是"的话，继续作答;选"不是"的话，终止作答。

主体部分包括问题和答案、问题和答案的编码。问题和答案是问卷的核心内容。它主要以提问的方式提供给被调查者，请被调查者进行选择和回答。这部分设计的好坏是调查者能否很好地完成信息收集和实现调查目标的关键。编码是给每个问题及答案一个数字作为它的代码，将问卷中的调查项目转化为具体数字，以便计算机进行处理和统计分析。

背景部分主要包括被调查者的背景资料，也称为人口统计学资料，如性别、年龄、婚姻状况、文化程度、职业、收入等。

结尾部分包括记录调查员的姓名、访问日期、访问时间、访问地点等。结尾部分的目的是核实调查的执行和完成情况。

以上 5 个部分是一份规范、完整的调查问卷应具备的结构和内容。对于一些简单的调查问卷，可以省略一部分，无须面面俱到。

四、问题的设计

在问卷设计中最重要的是问题的设计。问题的设计要先考虑两个问题:是设计成开放式问题，还是封闭式问题? 是设计成正向的问题，还是反向的问题?

1. 开放式问题或封闭式问题

开放式问题是指没有给出固定的答案，由填问卷的人自由填写答案的问题。比如:"请您告诉我们您在工作中遇到的最有趣的一件事情。"这是一个开放式的问题。开放式问题有助于采集第一手的信息。当我们对某一现象只有感性、粗浅的了解,而希望得到更多的第一手资料时,用开放式问题很有效。但开放式问题不能立即转化为统计数据,答卷者需要用更多的时间来回答开放式问题。

封闭式问题是指给出了固定的答案让填问卷的人选择的问题。比如:"请问您对我们的服务是否满意? A. 满意, B. 不确定, C. 不满意。"这是一个封闭式问题。封闭式问题有助于采集系统性的、可立即转化为统计数据的信息。当研究者对某一现象已有了相当理性的了解和预测,而希望为预测的关系找到数理支持时,用封闭式的问题最为经济有效。开放式问题在定性研究中用得比较多,而封闭式问题则在定量研究中用得比较多。

2. 正向问题或反向问题

正向问题是指对概念进行正向阐述的问题,反向问题则是从反方向来对概念进行阐述的问题。比如,有两个测量员工自我效能感的问题,一个是:"一旦决定做某件事情之后,我就会马上开始努力去做。"这是正向问题,得分越高说明员工自我效能感越高。另一个是:"我为自己定下重要目标,却很少能够实现。"这是反向问题,得分越高则员工自我效能感却越低。这就是正向问题和反向问题的区别。

反向问题加入到问卷中常常用来测试答卷者是否认真回答了每个问题。比如将上述两题加入到问卷中,如表5.4所示。问题1是正向测量自我功效;而问题2是反向测量。如答卷者在回答问题1时选择了6或7,那么在回答问题2时就应该选择取值较低的答案(1或2或3)。如果答卷者对两个问题的答案都是7,那么答案便缺少内在的连贯性,由此可推测此答卷者或许没有理解问题的含义,或许没有仔细地阅读问题。

表 5.4 正向和反向问题示例

问题	非常不同意	不同意	有些不同意	答案中立	有些同意	同意	非常同意
一旦决定做某件事情之后,我就会马上开始努力去做	1	2	3	4	5	6	7
我为自己定下重要目标,却很少能够实现	1	2	3	4	5	6	7

在测量某一变量时同时有正向和反向的问题,有助于警示答卷者集中精神,仔细阅读每一道问题。然而,反向问题如设计不当,可能导致混淆,从而使得量

表信度下降。同时,研究人员须切记:收集数据后需要将反向问题的答案做反转的数据化处理。大量的实践表明,反向问题可能会导致不好的效果。我们在管理学的研究中要尽量使用正向问题,尽量避免使用反向问题。

五、设计问题时需避免的现象

第一,避免一项提问中包含多项内容。比如,"您认为360度反馈是一个好的管理方法,可以提升员工的激励吗?"就是一个包含多项内容的问题,如果答卷者选择"非常同意",研究者无从了解答卷者具体同意的是360度反馈本身,或是它对员工的激励作用。如研究者有意了解员工对360度反馈的感受以及其功效,应该用至少两个问题来分别测量。

第二,避免使用模糊意思的词语,避免使用歧义词和歧义句。问句设计要注意运用简短、明了、容易理解的文字。比如,"您是否经常看电影?"这个问句中,"经常"这个词就意思模糊,每个人的理解是不同的。应该改为"您上个月看了几次电影?"。

第三,避免否定形式的提问。否定往往是肯定的强调。在调查中如果使用否定的提问会让被调查者有一种被强迫同意的感觉。比如:"您觉得这种产品的新包装不美观吗?"这种提问的方式,不如"您觉得这种产品的新包装美观吗?"这种提问让被调查者更舒服。另外,否定形式的提问容易让被调查者理解错误题目的意思。

第四,避免使用诱导性的问题,要保持问题的中立性。比如,"作为一名爱国者,您愿意购买国产汽车的可能性是多大?"这个问题中"作为一名爱国者"就具有诱导性,在问卷中应当将其删掉,改为"您愿意购买国产汽车的可能性是多大?"。

第五,避免使用答卷者须依赖记忆才能回答的问题。比如,"您在过去3年的工作中,平均每年缺勤多少天?",让答卷者回忆过去3年的事情,实在是太为难答卷者了,答卷者很难给出准确的答案。而如果问过去3个月的事情,准确性就可能大大提升了。

第六,避免敏感性和隐私问题。敏感性和隐私问题往往会引起被调查者的防备,使其产生抵御心理,甚至拒绝合作。比如,"您是否逃过税?逃过几次?数量多少?"此类问题被调查者往往不愿回答。对于此类问题应当采用旁敲侧击等间接的方式进行询问。

第七,避免答卷者为满足社会期望值而答题的动机。任何一个社会中,都有被公众认可的道德标准和行为准则。如果问卷中的问题触及了这些标准和准则,很可能会启动答卷者自我保护的动机,使其从社会期望值的角度来回答问题,而不展露出自己的真实想法。这就是社会期许效应。比如,"您愿意雇佣女性员工吗?"这个问题就属于激发社会期望效应的问题。

六、设计问句答案时的注意事项

(1)答案设置要穷尽。答案的设置要考虑到所有的情况,要包含该问题所有可能的答案。答案不穷尽,就会导致有些信息收集不到。比如,"您的年龄是多少? A.18 岁到 25 岁,B.26 岁到 35 岁,C.36 岁到 45 岁,D.45 岁以上"。在这个题目的答案中,答案没有穷尽,缺少了"18 岁以下"这个选项。

(2)答案设置要独立。这是指各个答案之间要相互独立,不存在包含关系。比如,"您的职业是什么? A.全日制学生,B.教师,C.企业员工,D.中小学教师,E.其他",在这个题目的待选答案中,"教师"和"中小学教师"不是相互独立的,是包含与被包含的关系。如果被调查者是中小学教师,那他可以填 B 和 D 两个选项。

(3)答案设置不宜过少或过多。答案设置过少会导致收集的信息量太少;答案设置过多会导致答案之间区分度不高,被调查者不易做出选择。比如,"您对本次服务满意度如何?"答案如果设置为"A.满意,B.不满意"两个选项,则导致很多的信息收集不到,比如满意的程度如何? 如果设置了太多的选项"A.极其满意,B.非常满意,C.大部分满意,D.有些满意,E.稍微满意,F.中立,G.稍微不满意,H.有些不满意,I.大部分不满意,J.非常不满意,K.极其不满意",则让被调查者难以作出区分和选择。在 Liket 量表中,学者们一般认为设置 5~7 个答案最好。

七、问卷中问题的编排顺序

一般来说,问题的排列顺序必须按照以下两条基本要求确定:一是便于被调查者顺利作答;二是便于资料的整理和分析。问卷问题编排顺序时应注意以下几点。

1. 按问题的难易程度排列次序

一般而言,问卷的开头部分应安排比较容易的问题,这样可以给被调查者一种轻松、愉快的感觉,以便其继续作答。如果一开始就遇到难答的问题,就会影响他们继续回答问题的积极性。先易后难的排列方式具体包括:①先封闭性问题后开放性问题。也就是开放性问题尽量安排在问卷的后面。开放性问题需要被调查者较多地考虑时间,书写时间长,若被调查者发现一开始的问题就难以回答,很可能断定自己没有时间或精力完成该问卷,以致拒绝回答。②先问被调查者较熟悉的问题,再问较生疏的问题。③先问事实、行为方面的问题,然后再问观念、情感、态度等方面的问题。④先问一般性问题,后问特殊性问题。⑤先问能引起被调查者兴趣的问题,然后再问容易引起紧张、顾虑、厌烦的问题。

2. 按问题的时间先后顺序排列次序

某些问题具有时间上的逻辑联系,此类问题应考虑按照时间先后顺序进行提问。按时间先后顺序由远及近或由近及远进行提问,而不宜远近交错、前后跳跃,这会打乱被调查者的思路,通常人们的思维习惯总是按照一定的时间顺序进行。

3. 相同性质或同类问题尽量集中排列

如果问卷中出现相同性质或同类问题,应尽量安排在一起,被调查者作答时,其思路不至于经常被不同性质的问题所阻隔。同样不至于过分频繁地在不同内容之间跳跃,从而减少或预防被调查者的疲劳程度和厌烦情绪,提高问卷的回收率和作答质量。

4. 按逻辑性对问题进行排列

问题的排列还需要考虑问题之间的逻辑性。比如,如果要问对某部电影的看法,要先问是否看过这部电影,而不是反过来。如果问题之间存在逻辑关联,这些问题就要按照逻辑关系来排列。

八、问卷的发放和收集

问卷设计好后,就需要将其发放出去并回收。调查问卷的发放和收集可通过如下途径。

(1)研究者亲自到现场发放和收集。这种途径的好处在于可以现场解释和解答有关问卷的问题,可确保答卷者身份的真实性。这种方法效率较高,可快速地收集到众多问卷。但这种方法成本较高,不太适用于大规模的多地、多处采样。

(2)邮寄调查问卷。这是指将问卷邮寄给被调查者,等填写好后再邮寄回来的方法。其好处在于被调查者可自行决定何时答卷,没有答卷压力,有利于提高填表的质量。但这种途径使问卷回收率较低,回收时间长。这种方法适合于在多地或多处收集问卷。

(3)网上答卷。网上答卷是信息化技术的产物,是指调查者将问卷发布在网上,被调查者直接在网络上进行填写。这种途径的好处在于不受时空限制,调查的效率高、成本低。数据可以立即计算机化,除去了输入数据时的工作量和可能出现的错误。但这种途径无法确保样本的代表性,也无法保证数据的准确性。

综上所述,问卷的发放和收集方法是因时、因地和因人而定的。数据的可靠性和效率是选择方法的最主要的出发点。

主要参考文献

陈晓萍,徐淑英,樊景立. 组织与管理研究的实证方法[M]. 北京:北京大学出版社,2010.

黄炽森. 组织行为和人力资源研究方法入门[M]. 北京:中国财政经济出版社,2006.

刘军. 管理研究方法原理与应用[M]. 北京:中国人民大学出版社,2019.

王冲,李冬梅. 市场调查与预测[M]. 上海:复旦大学出版社,2014.

殷博益. 市场调查与预测[M]. 南京:东南大学出版社,2021.

ALRECK P L,SETTLE R B. The Survey Research Handbook[M]. Boston:McGraw-Hill,2004.

BAGOZZI R P,YI Y,PHILLIPS L W. Assessing Construct Validity in Organizational Research[J]. Administrarive Science Quarterly,1991,36(3):421-458.

CAMPBELL D T,FISKE D W. Convergent and Discriminant Validation by the Multitrait-Multimethod Matrix[J]. Psychological Bulletin,1959,56(2):81-105.

GUADAGNOLI E,VELICER W F. Relation of Sample Size to the Stability of Component Patterns[J]. Psychological Bulletin,1988,103(2):265-275.

HINKIN T R. A Brief Tutorial on the Development of Measures for Use in Survey Questionnaires[J]. Organizational Research Methods,1998,1(1):104-121.

HINKIN T R. A Review of Scale Development Practices in the Study of Organizations[J]. Journal of Management,1995,21(5):967-988.

MARKUS H R,KITAYAMA S. Culture and the Self:Implications for Cognition,Emotion,and Motivation[J]. Psychological Review,1991,98(2):224-253.

PEDHAZER E J,SCHMELKIN L P. Measures,Design,and Analysis:An

Integrated Approach[M]. New Jersey: Lawrence Erlbaum,1991.

ROBINSON J P, SHAVER P R, WRIGHTSMAN L S. Measurement of Personality and Social Psychology Attitudes[M]. San Diego, CA: Academic Press,1991.

WHITLEY B E. Principles of Research in Behavioral Science[M]. London: Mayfield Publishing Company,1996.

第六章　案例研究

由于时代背景使然,案例研究受到许多研究者的重视与采用。在许多重要的管理学期刊当中,采取案例研究法的论文也逐年增加,其方法论价值已获得学界系统性认可。此时代背景反映了几项趋势。

(1)研究者认识到管理的多元与复杂而需要采用能够考察复杂性的合适的研究方法,其中,案例研究由于能够掌握现象的丰富性,能对现象进行恰当的描述,而成为最恰当的方法之一。

(2)由于各种研究方法都有优缺点,所以当代社会科学界特别强调采用多元研究方法,认为需要将案例访谈等定性分析与数据统计等定量手段结合使用,通过不同方法的相互验证以强化研究结果的可信度。在此状况下,与其他研究法颇为不同的案例研究深获重视。

(3)全循环研究方法的逐渐流行。全循环研究是指研究者同时采用归纳法与演绎法,通过科学研究循环来探讨一个问题,以建立有力、坚实且具类推性的理论。在研究循环当中,不管是理论建构或是理论验证,案例研究都是不可忽略的。

(4)许多研究者指出,针对凸显本土文化特色的管理学知识,必须采用扎根理论的研究方式进行扎实的研究,以提出更具内部效度与外部效度的本土理论。于是,能够掌握本土特有现象的案例研究更为流行。

在上述趋势下,案例研究越来越受欢迎,但进行案例研究却不是一件简单的事。在设计与进行案例研究时,都必须谨慎为之,方可避免错误。本章旨在说明案例研究的内涵与类型、效度信度要求以及研究设计与研究步骤,剖析此研究方法的特色与优缺点,以熟悉此项研究的做法。

第一节　案例研究概述

虽然案例受到重视,但案例研究却是最难的科学研究方法之一。除了寻研究案例的难度颇高和整个研究过程与结果的客观性缺乏共识之外,案例研究也常受到误解。这些误解包括:把案例研究视为案例教学,将案例研究局限于探索研究,分不清案例研究与案例记录的不同,以及将案例研究与民族志研究等质化方法混为一谈等。了解这些误解,将有助于了解真正的案例研究。

一、对案例研究的误解

第一种误解是将案例教学等同于案例研究。案例教学是管理学教育相当重要且不可或缺的一环。提供优质的案例,乃是案例教学成功的重要条件。可是,教学案例的探讨与撰写,并不是案例研究。教学案例着重于实务问题的反映,案例必须具有启发性,能够引起学习者的学习动机与兴趣,且能激发思考,带动热烈的讨论,分享问题解决的方式。所以,教学案例的性质与强调严谨、讲求证据的案例研究是不同的。在教学案例上,有时为了更有效地铺陈特定的观点,也可以慎重地修改案例材料,以激发更为精彩的对话,但在进行案例研究时,这种做法是绝对禁止的。每个研究者都得严守各项研究步骤的要求,并呈现严谨而扎实的研究证据。

第二种误解是将案例研究局限于探索研究,以为案例研究是一种探索工具,只是进行正式研究前的一种测试性研究而已。所以只着重于现象的初步描绘,而不能用来发展命题或验证假设,这种看法也是一种误解。事实上,案例研究不仅具有探索功能,而且兼具描述性与解释性的功能。例如,Yan 和 Gray(1994)对中美合资企业之协商权、管理控制及合资绩效的探讨,采用案例研究法来验证既有的理论模式。由此显示,案例研究亦可以用来建构理论与验证假设,因此,案例研究并不只是一项探索性的先导研究。

第三种误解是分不清案例研究与案例记录的不同。不管是企业诊断、教育辅导、临床心理或是社会工作,都会针对焦点案例来进行探讨,要求案例揭露自己的特性与面对的问题,广泛收集与案例有关的资料,并据此提出"对症下药"的解决办法,提供必要的顾问、咨询、辅导及诊断协助。虽然此类案例记录旨在帮助案例解决问题,对案例也有充分的了解,但与案例研究差异颇大;案例记录旨在解决问题,案例研究旨在研究、构建与验证理论。

第四种误解是将案例研究与民族志研究等质化/定性研究混淆在一起,认为案例研究是参与观察的一个类型,需要进行长期的实地观察,强调观察而来的质化证据。可是,案例研究并不只是实地调查的一种资料收集技巧而已,也不一定需要进行长期的实地观察,其收集资料的方式视研究课题而定。有时,甚至不需要离开图书馆或仅使用电话访问,就可以进行高品质的案例研究。收集与分析的资料,也不见得总是质化资料,量化资料也常是收集与分析的重点。另外,案例研究通常在进入场域之前,就具有清楚的问题意识或者明确的理论方向。而民族志研究等质化研究是在进入场域之后,才逐渐清楚要探讨什么问题,或是在进入现场之后,问题才逐渐浮现的,且又随时调整问题的方向。因此,案例研究也不是民族志研究。

二、什么是案例研究

虽然采用案例研究进行社会科学研究的研究者不少,但直接针对案例研究进行定义者则不多。Platt(1992)认为案例研究是一种研究设计的逻辑,必须要考量情境与研究问题的契合性。Yin(1989)作了进一步的延伸,强调设计逻辑是一种实证性的探究,用以探讨当前现象在实际生活场域下的状况,尤其是当现象与场域界限不清且不容易区分的时候,就常使用此类探究策略。换言之,由于现象与实际场域不一定能清楚区分,所以案例研究在资料收集与资料分析上极具特色,包括依赖多重证据来源,不同资料必须能在三角验证的方式下收敛,并获得相同的结论;其次,通常有事先发展的理论命题或清楚的问题意识,以指引资料收集的方向与资料分析的焦点。

总之,作为一种研究策略,案例研究是一种非常完整的研究方法,同时包含了特有的设计逻辑,特定的资料收集及独特的资料分析方法。因此,案例研究并不只是一种资料收集的方法或是一种资料分析的方式,也不只是一种研究设计的特征而已,而是含括三者的一项完整的研究策略(Yin,1989)。案例研究策略与研究问题的性质有关,如果研究问题的目的是在回答"是如何改变的""为什么变成这样"及"结果如何"等问题时,案例研究就是最为适用的方法。一般而言,相较于其他研究方法,案例研究能够对案例进行厚实的描述与系统的理解,而且对动态的互动历程与所处的情境脉络也会加以掌握,可以获得一个较全面与整体的观点。另外,凡是研究者无法设计正确、直接又具系统性控制的变量,或探讨的是实际生活现象,不是实验能够追溯完毕者,都是使用案例研究的最佳时机。由于案例研究着重于当时事件的检视,不介入事件的操控,因而可以保留生活事件的整体性与有意义的特征。因此,案例研究相当有助于研究者产生新的领悟。

案例研究可以分为三大类,包括探索性案例研究、描述性案例研究及因果性案例研究(Yin,1994)。探索性案例研究是指研究者对于个案特性、问题性质、研究假设及研究工具不是很了解时所进行的初步研究,以提供正式研究的基础。

描述性案例研究是指研究者对案例特性与研究问题已有初步认识，需要对案例所进行更仔细的描述与说明，以提升对研究问题的了解。因果性案例研究是指在观察现象中的因果关系，以了解不同现象间的确切函数关系。不管是何种类型的案例研究，都必须遵循研究的严谨性与可靠性等标准，这些要求颇似量化研究中的效度与信度的概念。

第二节 案例研究的品质

在进行案例研究时，我们仍然要讲究研究方法的严谨性和复制性，严守科学研究中的效度与信度要求。案例研究所需遵循的准则包括：①构念效度，针对所要探讨的概念，进行准确的操作性测量。②内部效度，建立因果关系，说明某些条件或某些因素会引发其他条件或其他因素的发生，且不会受到其他无关因素的干扰。③外部效度，指明研究结果可以类推的范围。④信度。阐明研究的复制性，例如，资料收集可以重复实施，并可以得到相同的结果(Lee, 1999)。

一、构念效度

为了使研究具有构念效度，让概念得到准确的衡量，在案例研究中，可以采取几种有效的方法来加以执行，这些方法包括进行多重证据来源的三角验证、证据链的建立、信息提供人的审查、唱反调者的挑战等做法。

首先，进行多重证据来源的三角验证（或多角验证）。研究者需要使用各种证据来源，让各种来源的证据能够取长补短、相辅相成。这些来源通常包括文件（如信件、报告、报道、私人笔记等）、档案（公司资料、官方记录、现行资料库等）、人员面谈、现场观察、活动参与及人工器物的搜集等。一旦不同做法都能获得类似的资料与证据时，案例研究中的衡量即具有构念效度。显然地，此做法颇似量化研究中的聚合效度。

其次，建立证据链。让收集的资料具有连贯性且符合一定的逻辑，使得报告的阅读者能够重新建构连贯的逻辑，并预测其发展。当逻辑越清晰、越连贯时，构念效度就越高。这种做法类似量化研究中逻辑关系网的建立。

再次，重要信息提供人的审查。通过重要信息提供人审阅报告与资料，来确保资料与报告能反映所要探讨的现象，而非只是研究者个人的偏见而已。由此，可以避免因为研究者个人的选择性知觉，而产生不恰当的诠释。另外，亦可安排能够挑战资料、证据及结论的唱反调者，要他们针对资料的收集、分析及结果与报告提出严苛的批评,用以检视研究者的盲点与偏见,以确保收集的资料能够反映研究构念。

二、内部效度

就内部效度而言,研究者必须确定因变量的改变确实是因为自变量的改变而引起的。为了降低因果关系之外的解释,案例研究者可以采用模式匹配、解释建立及时间序列等设计来提升内部效度(Yin,1989)。

提升内部效度的第一种做法是模式匹配。模式匹配可以用来检验资料与理论是否契合,查看各构念间的关系是否能与资料契合,契合时即提供了支持的证据。例如,当一组不等同的因变量均可被预测,且得出类似的结果,而未有其他的结果时,即可获得较强的因果推论;同样地,如果一组不等同的自变量均可做相同的预测时,亦可推论此因果关系是稳定而坚实的(Campbell,1975;Yin,1989)。根据此种想法,如果所收集的各种资料都能肯定原先推论的关系时,则可接受原先发展出来的命题或假设;否则,则需要加以修正。

提升内部效度的第二种做法是解释的建立。首先,研究者陈述可能的理论,并提出一连串的命题。然后,再检视理论、命题与经验资料是否符合,据此修正理论与命题。接着,再重复以上的过程,直到两者趋近为止。研究者需要逐步精炼想法,接受可能的对立假设,最后建立较佳的解释。通过这种持续性的调整过程,来提升内部效度。

提升内部效度的第三种做法是采用时间序列的设计。先分析所要观察的变量或事件在时间上是否具有先后顺序,再推论其中的前后因果关系。当某些变量或事件总是发生在先,且导致后续变量或事件发生或改变时,即可推论变量间具有时间上的因果关系。如果经验资料也证实的确具有此类因果关系时,则可提供内部效度的证据。

三、外部效度

就外部效度而言,由于研究者通常只是在单一时间与地点针对单一类型的案例进行研究,所以必须确定此研究结果是否也适用于其他类型的案例或不同的时间与地点,以判断研究结果或理论是否可类推到其他类型的情境。当结果与理论的类推范围越广、所能解释的组织现象越多时,结果与理论就越有力量,外部效度就越高。

在探讨案例研究的外部效度时,通常是采用分析类推的概念,而非统计类推

(Bryman,1989)。统计类推是依据统计抽样的想法选择具有代表性的样本,再依据概率论的原则将样本的研究结果类推到样本总体上,由此说明研究结果的类推性。而分析类推是指案例所得的结果可以在其他的案例上重复发现,由此证实该案例所获得的结果确实存在。因此,要判断案例研究结果在其他案例上的类推性时,需要在不同时间、地点进行多案例研究,以判断此结果在其他情境、时间及地点上的情形。就此而言,案例研究的外部效度颇似量化研究中的生态效度概念。

四、信度

案例研究的信度是指研究过程的可靠性,所有过程必须是可以重复的。因此,必须准备周详的案例研究计划书,让后来的研究者可以重复进行研究;也必须要建构研究资料库,让后来的人能重复进行分析(Yin,1994)。

案例研究计划书不仅要说明特定的研究过程、所依循的资料收集与分析原则,还必须包括以下的内容:①研究目标与探讨议题。例如,研究目的、问题的背景等。②研究场域与研究程序。例如,研究地点的详细描述、资料来源,甚至是研究者的保证书等。③研究问题。例如,特定而具体的问题、访谈表的时程与内容,访谈对象,资料分析方式与过程。④研究报告的结构。例如,研究结果怎样、访谈如何组织、访谈依据的理论,以及如何获得结论等。

除了需要周详的案例研究计划书外,也需要建构研究资料库。这些资料库至少包括现场研究笔记、参与观察记录、访谈的录音、观察的录像、文字誊稿稿件、档案资料以及资料分析记录等,以便后来的研究者能够进行再检查与再分析。透过这种详细的文字记录与资料档案,用以强化案例研究的信度。

有关案例研究的检验标准、威胁因素及处理方式,如表 6.1 所示。总之,案例研究者应该系统地收集资料、谨慎地判读、严谨地分析,并使研究设计与过程能够符合所要探讨的问题与概念,以满足效度与信度的要求。

表 6.1 案例研究的效度与信度

检验项	检验标准	威胁因素	做法	步骤
构念效度	准确测量所要探讨的概念	操作性测量不能反映构念,或反映了其他构念	多证据来源	资料收集
			掌握证据链	资料收集
			资料提供人的审查	资料分析

续表 6.1

检验项	检验标准	威胁因素	做法	步骤
内部效度	确保观察的变量或事件来自因果关系	存有另外的因果解释,或因果关系受到污染	类型对比	资料分析
			建立解释	研究设计/资料分析
			时间序列分析	资料分析
外部效度	研究结果所具有的类推范围	结论可能只适用于某些特定的范围内	多案例复制	研究设计
			分析类推	资料分析
信度	研究过程的重复与复制	重复实施得不到相同的结果	周详的研究计划书	研究设计/资料收集
			案例研究资料库	资料收集/资料分析

第三节 案例研究的步骤

虽然研究者对案例研究的步骤没有形成相同的看法,研究步骤也需要展现一种反反复复的过程,而不见得完全遵循固定的顺序,但是案例研究仍然有一定的进行程序。案例研究可以划分为不同的阶段,每个阶段所处理的问题与进行的活动内涵也不尽相同。在这里,将根据 Eisenhardt 和 Bourgeois(1989)的架构,将案例研究的过程划分为启动、研究设计与案例选择、研究工具与方法选择、资料收集、资料分析、形成假设、文献对话及结束八大步骤,并归结为准备、执行及对话三大阶段(表 6.2)加以讨论。这些阶段与步骤虽然可以区分开来,并有先后的顺序,但在进行实际研究时,各步骤之间却可能具有回路的循环关系,而不见得总是直线地往前推进。因此,类似资料的收集与分析总是反复地进行。

一、启动

在启动案例研究时,研究者必须先确定什么是要探讨的研究问题,其主要构念何在?即使案例研究所欲检验的理论不见得清晰,但研究者仍然必须要有清楚的方向与清晰的焦点来加以依循,用以指引研究者系统地收集资料并回答问题。否则将会失去焦点,而可能收集到一堆浩瀚如海却无关紧要、没有用处的资料。只有当问题意识清楚时,研究者才能掌握采用何种研究设计、选择何种研究案例以及如何收集资料等重要事项。以研究设计而言,当研究议题清楚时,研究者才能决定采用何种案例类型。是选择多案例还是单案例?分析单位为何?如何衡量有兴趣的变量与事件?要采用何种方式有系统地收集资料?也只有在这

表 6.2 案例研究的步骤

阶段	步骤	活动	原因
准备阶段	启动	界定研究问题	将研究聚焦
		找出可能的前导观念	提供构念测量的较佳基础
	研究设计与案例选择	不受限于理论与假说，进行研究设计	维持理论与研究弹性
		聚焦于特定族群	限制额外变异，并强化外部效度
		理论抽样，而非随机抽样	聚焦于具理论意涵的有用案例
	研究工具与方法选择	采用多元资料收集方式	通过三角验证，强化研究基础
		精制研究工具，掌握质化与量化资料	证据的综合
		多位研究者	采纳多元观点，集思广益
执行阶段	资料收集	反复进行资料收集与分析	即时分析，随时调整资料的收集
		采用弹性且随机应变式的资料收集方法	帮助研究者掌握浮现的主题与独特的案例性质
	资料分析	案例内分析	熟悉资料，并进行初步的理论构建
		采用发散方式，寻找跨案例的共同模式	促使研究者挣脱初步印象，并透过各种角度来查看证据
	形成假设	针对各项构念，对证据进行持续复核	精炼构念定义、效度及测量
		横跨各案例的逻辑复现，而非样本复制	证实、引申及精炼理论
		寻找变项关系的原因	建立内部效度
对话阶段	文献对话	与矛盾文献互相比较	构建内部效度、提升理论层次并强化构念定义
		与类似文献互相比较	提升类推能力、改善构念定义及提高理论层次
	结束	尽可能达到理论饱和	当改善的边际效用越来越小时，则结束研究

些后续研究活动都能依循一定方向严谨地进行时,案例研究的信度与效度才能确保。

虽然如此,并不表示进行案例研究时,问题与方向从头到尾都是固定不变的。事实上,案例研究的进行常常充满了弹性。例如,在研究一段时间后,如果研究者发现其问题与方向有偏差或收集的资料与预期差距过大时,是可以改变问题与方向的。例如,有不少研究者在进行研究后,发现某些问题更有趣,更适于创新理论,而将研究焦点由理论验证转变为理论建构。

对目的是构建理论的案例研究者而言,理论与假设也常常不在事先计划之内。当一开始就局限于理论与假设时容易画地自限,被局限于既定的理论概念内,而难以发挥想象力去导出另一种可能的理论方向。因此,此类案例研究并不鼓励套用现成理论,而鼓励保留较大的研究空间与弹性。当然,这种弹性也不是随意发散、漫无归止的,而有一定限制,且至少不应脱离大的研究方向与主题。

二、研究设计与案例选择

案例选择是案例研究中相当重要的一环。一般而言,研究者可以根据分析层次与案例数运行研究设计,并区分案例研究的类型。分析层次是指研究者根据研究需要把研究对象分成一定的层次。在管理学的领域中,分析层次可能是个人、部门、组织或产业,视研究者的需要而定。至于案例数则指研究者所要研究的案例的数目。依照分析层次与案例数的多少,可以获得 4 种案例设计方式:第一种为单案例单层次,第二种为单案例多层次,第三种为多案例单层次,第四种为多案例多层次。

单案例单层次设计,案例数只有一个,而分析层次也只有一种。单案例多层次设计,即案例数只有一个,但分析层次不止一种。这种设计常见于组织研究中。例如,以一家组织为案例对象,分析层次包括个人、团体、部门及事业部等。多案例单层次设计为第一种设计的复制,分析层次只有一种,但有多个案例。多案例多层次设计则为第二种设计的复制,研究案例数超过一个,而分析层次也不止一种。例如,探讨不同组织的制度对各阶层员工的影响等。

以案例数而言,究竟单案例设计与多案例设计有何不同,其适用状况又如何呢? 一般而言,单案例设计较适用于以下 3 种状况:①批判性案例,目的是在挑战或验证现有的理论。②特殊性案例,每一案例本身具有独特之处,值得做个别探讨,以建立新的理论模式或扩大旧理论的类推能力。③补充性案例,前人的研究由于某些因素未能观察到一些重要现象,如今加以观察,以补充过去研究的不足。

多案例设计就像多项实验一样,其结论比单案例设计来得有力,但所费的时间、所投入的成本及所投注的努力也比较多。其主要好处是,除了可以在一项研究中同时找到正面与反面的证据之外,还可以探讨同一概念在不同场合下的运作结果。然而,多案例设计的案例选择需要十分小心,必须考虑案例间的关联性,以免把不相干的案例拼凑在一起。多案例分析也较为复杂,除了需要进行单案例的分析之外,也得进行案例间的比较,以查看相似与相异之处。具体而言,在进行单案例分析时,主要是以单一案例为对象,分析其模式匹配的状况如何;而在进行多案例比较时,则是对比各项主题,多方寻找支持与对立证据,互相校准、复核,以形成更为坚韧的理论与命题。

确定研究设计的类型之后,则需要考虑案例选择的问题。在案例选择方面,研究者需要决定选择标准与筛选过程。除了验证理论的案例研究可能采用统计抽样的概念来选择案例之外,大多数案例研究都采用理论抽样的方式来进行。统计抽样是指研究对象有一个清楚的母群,并依据随机方式,来抽取具代表性的样本以作研究之用。理论抽样却是根据理论而非统计概念来选择案例。例如,为了拓展理论,可能会选择较为极端的案例;为了复现理论,可能会选择条件类似的案例;为了验证理论,可能会选择符合理论要件的案例。因此,理论抽样的目的,是有意地选择独特、补充或批判的案例,而非像统计抽样一样,选择能够代表母群的样本作为研究对象。

三、研究工具与方法选择

案例研究通常采用多元方法来收集资料,这些方法除了一般量化研究法之外大多包含各种质化方法。质化方法通常包括深度访谈、直接观察及文件调阅等方式。

在深度访谈中,又可细分为非结构访谈与半结构访谈。非结构访谈是研究者邀请受访者畅所欲言,但并未事先准备完整的访谈表,而仅使用一份备忘录来核查访谈的进行,查看是否有遗漏的议题。在半结构访谈中,研究者会准备一份访谈表,并依照表中的内容逐项询问,据此收集资料。

直接观察则可分为参与观察与非参与观察。在参与观察中,研究者会置身于被观察者的活动场所中,查看被观察者的所作所为,并可能与被观察者进行互动。在非参与观察中,观察者是一位旁观者,常以不介入的方式进行观察。

文件调阅则指研究者收集并阅读与研究主题有关的各类文件,包括信件、备忘录、议程、会议记录、公文、企划书及媒体报道等,也有可能在被研究者同意的情况下,阅读其私人信件或日记作为资料来源。

由于这三种方法各有优缺点(表6.3),所以同时采用各种方法收集资料是相当重要的,可以取长补短,产生综合效果。当然,量化与质化资料亦可以一并收集,相辅相成。理论建构依赖于现象的丰富描述,此种描述常来自质化的轶事或资料,而非硬性的量化资料。而且量化资料通常会局限在有限的变量当中,而无法处理所有可能的关系,但软性的质化资料则可以进行周延的考虑,并给予补足。相反地,质化资料虽然生动、丰富,但也可能不够精准,而有赖量化资料的补充。

表6.3 三种质化法的优缺点比较

研究方法	优点	缺点
深度访谈	目的清楚,能呼应研究主题,可以获得有深度的解释	重要文件不容易取得,不完整时会有偏颇,可能反映原作者的偏见,被访谈者的回忆偏误或故意迎合访谈者
直接观察	可以看到直接而即时的事件,能查看事件发生时的情境,对人际行为与动机具有深刻的了解	费时费力,选择性的情境可能有偏颇,介入的影响
文件调阅	可以重复检视,不介入案例活动,明确的资料与清楚的细节,范围广泛,横跨各种人、事、时、地、物	问题不佳时会产生偏误,使用权会受到影响

此外,在案例研究中也强调多研究者、多资料源的观点。多研究者的好处,首先是可以强化研究的创新性。由于每位研究者的长处不同,集思广益,对资料的收集、分析及诠释,有更为宽广的见解;也较容易发挥想象力,获得新的体会与领悟。其次,当多位研究者的观察都能获得一致的结论时,研究结果较容易收敛,从而提升研究者对结论的信心。因此,有不少研究者采用团队的方式来进行案例研究。以实地访谈为例,有些研究者可以负责访谈,有些负责记录,有些则进行观察,彼此互相配合,以求访谈的周延,并避免个人的偏见。在资料分析时,则由多位研究者负责,通过热烈的群体讨论,厘清隐晦不明之处,并逐渐形成共识。也可指派一些人担任唱反调者的角色,针对资料的收集、分析及诠释提出批判式的评论,以强化研究的效度与信度。另外,多资料源的概念也颇似多研究者

的想法:当资料来源广泛时,可以互相印证,收集的资料不会有一己之偏,而有较高的可靠性。总之,多方法、多研究者、多来源的做法,是案例研究中常见的选择。

四、资料收集

在案例研究中,资料收集与分析常常是重叠在一起的。在此过程当中,研究者需要保持敏锐的理论触角,进行资料的收集与分析。其中,现场笔记扮演了相当关键的角色。现场笔记记录了研究时所发生的各种事件,让研究者可以据此进行深刻的反思。研究者需要思考的是:什么是令人印象深刻的事件?这种事件为什么发生?从这些事件中,研究者能学到什么?此事件与其他已经历过的事件有何不同?其独特之处为何?透过这些思考,更加开阔自己的视野,并随时调整资料收集广度与深度。必要时也可以增加新的问题或采取新的资料收集方法,来处理逐渐浮现的问题。另外,则要定期或在有需要时进行团队会议,讨论资料收集的状况,分享研究者彼此的想法,以作为下阶段资料收集方向与做法的参考。

在此过程中,研究者必须对自己的偏好与性格倾向有清楚的认识,以避免个人的偏见涉入,并产生影响。研究者也需要具备良好的人际互动技能,以便能与研究对象、信息提供人及其他有关人员进行顺畅的互动。同时,研究者需要拥有开阔的视野与同理心,能够扩大视野,针对问题进行抽象、系统且具反省性的思考。更重要的是,研究者要具有理论敏感度,能够察觉现象或事件背后的理论含义,洞察相关或无关的事物。此外,研究者要熟悉各种研究方法,并对其优缺点有清楚的认识。总而言之,在资料收集时,资料收集与分析常常是混在一起进行的,必须要有系统且保持弹性;研究者则必须要视野开阔、保持理论敏感度。

五、资料分析

资料分析是案例研究的核心,也是最难说清楚的部分。如何从繁杂的笔记与资料中,抽丝剥茧,获得有创意的结论,的确不是一件简单的事。虽然如此,案例研究中的资料分析,仍有一定的程序,研究者只要小心谨慎地遵循研究程序,并多加练习,还是可以获得一定的结果。

简单来说,案例内的资料分析包括以下的步骤:①建立文本。将访谈、观察及文件等资料进行誊写与摘记。②发展编码类别。研究者详细阅读每一个段落的内容,参照全文主题,将每一段落分解成1个或2个小单位,以一句话简述并加以编码。同时,将分析出的小单位,依内容与性质的相近程度加以整理,以形成自然类别。如果已有初步理论,则亦可根据理论来架构类别。③指出相关主题。仔细思考每一自然类别的内容以及类别与类别之间的可能关系,依可能的逻辑关系排列出来,并给予命名。接着,审视前一步骤是否有不合宜之处,或结果不合逻辑的地方并予以修正。修正时,一方面调整不合适的小单位,一方面加入原先未能分类的小单位。④资料聚焦与检定假设。进行初步假设或发现的复核,让资料主题与初步假设对话,以了解资料与假设配合的状况,作为接受或拒绝假设(或命题)的依据。⑤描绘深层结构。整合所有资料、脉络及理论命题来建构理论架构,作为未来进一步研究的基础,或是与打算验证的理论进行对话,并加以修正。有关案例内的资料的分析步骤与深化过程如图6.1所示。

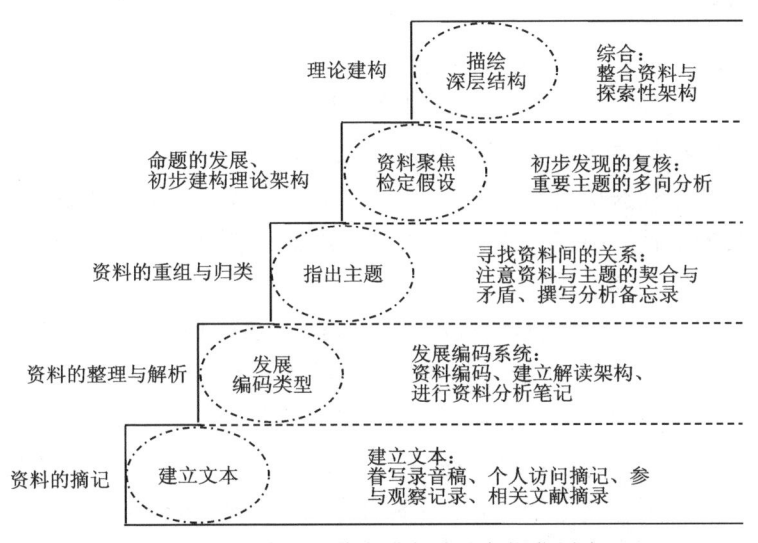

图 6.1 案例内的资料分析步骤与深化层次

除了案例内的分析之外,在进行多案例研究时,也需要进行案例间的比较,以了解跨案例间的异同。在进行案例比较时,已经过单一案例内的分析,所以容易产生先入之见,而导致信息处理偏差;或忽略了重要的信息,而可能获得错误的结论。因此,在进行多案例比较时,必须秉持开放与多元的想法,多方面寻求正反两方面的证据。通常,这种比较可以区分为两类:一类为根据研究类别进行跨案例比较,另一类为依照案例的所有性质进行全方位比较(Eisenhardt and Bourgeois,1989)。

以研究类别的比较而言,研究者可以根据研究向度与类别将案例分类,并比较类别内的案例是否相似,或类别间的案例是否有差异。至于向度与类别,则是基于理论或研究问题而定。

以全方位比较而言,研究者将案例予以配对,进行所有特点的全面比较,列出所有的相似点与相异点。通过这种方式,可以发现看起来相似的案例可能具有不同的特点;而看起来不同的案例却有着相似的特点。通过上述比较,可以在简单的分析架构上加入新的类别与向度,并对问题与构念有更进一步的了解。例如,Eisenhard 和 Bourgeois(1988)原先以为 CEO 的权力大小是影响案例策略决策的主要原因,但在进行案例成对比较后,却发现决策速度也是重要的因素之一。总之,多案例分析的目的是在寻找一连串的证据,或提供更坚实的内外部效度基础,或由此发展为更新颖的观点与研究架构。

六、形成假设

在经过资料分析之后,所有主题及主题间的关系都会逐渐浮现,接着可以进行系统的对比,查看资料主题、主题间关系与构念架构间的契合程度,并逐一形成假设、验证假设,并建立理论。在对比之前,首先需要检视资料的构念效度。看资料是否能够代表所要探讨的构念,一方面精炼或重新界定构念,另一方面提供构念效度的证据。当所有来源的资料都显现出某一类型构念的证据时,则可以肯定构念效度的确存在。因此,有些研究者利用构念矩阵的做法,摘记某些构念下的资料证据,来表明案例研究的构念效度。其次,则是检视内部效度。考察构念与构念间的关系,是否能与各案例所提供的证据契合。契合时,提供了支持的证据;反之,不契合时,则提供了不支持的证据。此一过程虽然与传统量化研究中的假设检定颇为类似,但仍有差异。在案例研究中,假设是根据复现逻辑并透过一连串的案例来逐一检视的,而非组合起来。每一个案例都能提供支持与不支持的证据。在许多案例都支持假设的状况下,我们对某一关系的信心就会更加强化;反之,当不支持时,则提供假设修正的机会,或提出截然不同的新假设。通过上述过程,可以确保案例研究的内部效度。

除此之外,研究者也会想了解:为什么各构念间存有如此的确定关系?其理由何在?这就涉及理论基础的提问,而需要进一步思考关系背后的原因所在。

换言之,在假设形成的过程当中,研究者需要反反复复地检视研究者的测量是否具有一定的构念效度;所探讨与逐渐浮现的关系是否稳定且与假设一致,以检视内部效度;各关系的背后理由或理论依据为何,以发展与建构理论。通过对这些事项的检视,提供严谨且具说服力的证据。

七、文献对话

文献对话的主要目的是将获得的研究结果与既有的理论或构念进行比较，以促进理论或构念的演化。比较的内容通常包括两项：一是与现有文献有何相似之处，二是有何相异之处。以相似之处而言，当研究结果与过去研究类似或支持现有理论时，代表证据更为强有力，理论所具备的内部效度更为坚韧、外部效度更强，同时构念的可信度与正当性更高。以相异或矛盾之处而言，与既有文献矛盾的研究结果可以促使研究者寻找进一步的原因，并提供另一个思考的窗口，从而可以对理论或构念提出进一步的修正，或产生重大的突破，或掌握重要的调节因素等。因此，有时矛盾的证据反而比支持的证据更有价值。Eisenhardt(1989)强调，如果研究者忽略了矛盾的证据，则读者对研究的信心就会降低。理由是读者会认为研究结果有偏差，内部效度不高；或是研究结果只能局限于少数几个特殊案例，而不能提升外部效度。

更重要的是，矛盾的证据往往会强迫研究者做更周详的考虑，并提出新的观点，而可对现象有进一步的洞察，也可对现有理论的类推范围有更深刻的了解。例如，Eisenhardt 和 Bourgeois(1988)的案例研究发现，中央集权常导致组织政治的发生，但此结果是与过去主张"地方分权往往导致组织政治"的结论是互相矛盾的。为了解决此矛盾的问题，研究者作了更进一步的分析，并发现了更重要的原因——即不管是地方分权或中央集权，当权力过度集中或过度分散时，就容易引发人际竞争，而使得群体内的挫折气氛增强，并导致自私自利与组织政治。换言之，权力支配与组织政治呈现的是一种 U 形的曲线关系，不管是权力集中或权力分散，都会导致组织政治，而只有在权力分配中等的状况下，才会削弱组织内的政治游戏。从以上的例子可以了解，针对矛盾的结果进行更深入的剖析，往往能提升理论的清晰性，并掌握确切的类推范围。

八、结束

什么时候可以结束案例研究？案例研究的结束得看两项条件而定，其一是案例所提供的信息是否已达饱和，其二是资料对理论的改善是否幅度有限。前者关于案例是否需要再增加，后者则涉及理论与资料的契合分析是否需要再进行等问题。

就信息饱和而言，当新增的案例无法提供更多的信息，或研究者很难从新的案例学到更多新知识时，就是结束案例的时机。显然此原则还不够具体，所以有一些经验丰富的研究者往往建议,案例收集的范围或个数在 4～10 个是最为恰当。理由是当收集的案例数小于 4 个时,由于案例数太少,可能无法掌握管理的复杂度,而无法建构坚实有用的理论;而案例数多于 10 个时,又因为资料过度浩繁庞杂而无法处理,或分析难度太高以致不知如何下手。

就理论与资料的契合分析而言,当反反复复的分析已经逐渐趋于饱和,如理论或构念与资料契合十分有限,则可以终止资料的分析。换言之,研究者通常会检视案例研究的证据,修正理论假设与命题,再根据新的观点检视证据,并反复进行该过程。如所带来的改善与修正十分有限,则可以结束资料的分析。最后,则根据主要的故事轴线或问题焦点,铺陈研究目的、研究过程及研究结果,来撰写案例报告或相关论文。就此而言,报告或论文最好要有一个清楚、重要的主题,写作生动,能吸引读者一直阅读下去,并留下深刻的印象。

主要参考文献

陈晓萍,徐淑英,樊景立. 组织与管理研究的实证方法[M]. 北京:北京大学出版社,2010.

BRYMAN A. Research Methods and Organisation Studies[M]. London:Allen and Unwin,1989.

CAMPBELL D T. Degrees of Freedom and the Case Study[J]. Comparative Political Studies,1975,8(2):178-193.

DE VAUS D A. Surveys in Social Research[M]. London:UCL Press,1996.

EISENHARDT K M,BOURGEOIS L J. Politics of Strategic Decision Making in High Velocity Environments:Toward a Mid-range Theory[J]. Academy of Management Journal,1988,31(4):737-770.

EISENHARDT K M. Building Theories from Case Study Research[J]. Academy of Management Review,1989,14(4):532-550.

GUMMENSSON E. Qualitative Methods in Management Research[M]. London:Sage,1991.

HAMEL J. Case Study Methods[M]. Newbury Park,CA:Sage,1993.

LEE T L. Using Qualitative Methods in Organizational Research[M]. Thousand Oaks,CA:Sage,1999.

PLATT J. "Case Study" in American Methodological Thought[J]. Current

Sociology,1992,40(1):17-48.

STRAUSS A,CORBIN J. Basics of Qualitative Research:Grounded Theory Procedures and Techniques[M]. Newbury Park,CA:Sage,1990.

TSUI A S, NIFADKAR S S, OU A Y. Cross-national, Cross-cultural Organizational Behavior Research:Advances, Gaps, and Recommendations[J]. Journal of Management,2007,33(3):426-478.

YAN A,GRAY B. Bargaining Power,Management Control,and Performance in United State-China Joint Ventures:A Comparative Case Study[J]. Academy of Management Journal,1994,37(6):1478-1517.

YIN R K. Case Study Research:Design and Methods[M]. 3rd ed. London:Sage,1994.

YIN R K. Case Study Research:Design and Methods[M]. Beverly Hills,CA:Sage,1989.

第三部分
管理研究中的测量统计方法

第七章 调节效应和中介效应检验

调节变量和中介变量在构建和发展理论时起着重要的作用。调节变量和中介变量在自变量和因变量之间所起的作用,分别称为调节效应和中介效应。本章主要介绍调节变量和中介变量的作用,调节效应和中介效应检验的原理,以及复杂的被调节的中介效应和被中介的调节效应的检验。

第一节 调节变量和中介变量的作用

在介绍调节变量和中介变量的原理和检验方法之前,我们首先讨论一下它们在研究中到底有什么意义。我们的很多知识都是建立在变量间的相关关系或因果关系的基础上的,随着研究的深入,一些简单的关系已经不能够提供足够的信息,也难以概括各种复杂的情况。所以,研究者们才提出了通过调节变量和中介变量挖掘更多信息的方法。虽然调节作用和中介作用在社会科学研究中都有一定历史,但是研究者们有时还是会把它们混淆。

早在20世纪20年代就有心理学家开始认识到中介变量的重要性,并利用中介变量解释一个关系背后的原理和内部机制。Woodworth(1928)在"刺激—反应"(S—R)理论的基础上提出了"刺激—机体—反应"(S—O—R)模型,说明了刺激对于行为的作用是通过机体内部的转换过程而发生的,这个模型的关键是认识到一个活动的有机体介入了刺激与反应之间的作用过程,这可能是最早的一个比较严格的中介作用的假设。

调节变量所解释的不是关系内部的机制,而是一个关系在不同的条件下是否会有所变化。让我们把调节作用变成生活语言就很容易理解了,调节变量就是"视情况而定""因人而异"。比如,同样是经历一次失败,对人产生的影响却是不同的。高自我效能感的人倾向于将失败归因于努力不足,于是,他们可能更加努力并坚持下去;而低自我效能感的人更容易将失败归因于能力不足,他们会更加怀疑自己的能力,导致放松努力或完全放弃。在这里我们看到,一次失败(自变量)对人行为(因变量)的影响随着自我效能感(调节变量)的不同而异,这时,我们就可以说自我效能感调节了失败与人的行为反应之间的关系。

一、调节变量的理论意义

调节变量的一个主要作用是为现有的理论划出限制条件和适用范围。我们靠有限的认知所建立的理论往往都是有一定的局限,只是在理论发展的初期很难完全考虑到其所有的限制条件和适用范围。比如,牛顿经典力学适用的一个限制条件是"物体运动速度远低于光速",而一旦物体运动速度接近光速,牛顿经典力学就不适用了。

找到理论的适用条件和范围是我们对原有理论进行发展的一种方式。我们知道,现在的科学研究一般会以证伪主义为原则来积累知识,并把一个理论是否存在证伪的可能性作为判断科学与非科学的依据。我们建立一个理论后,在后续的研究中发现的错误就否定,没发现的错误就保留。采用这样的方法有一个问题,就是一旦发现反例就要把原有的理论全部推翻。然而,有时并不是理论本身错了,而是没有界定理论背后的假设或边界条件。当实证检验发现这个理论错了时,其理论核心是不应该轻易放弃的,可以改变辅助假设或增加限制条件,实在不行,最后才会放弃理论核心。

研究调节变量时,我们正是通过研究一组关系在不同条件下的变化及其背后的原因,来丰富我们原有的理论。这里的"不同条件"就是理论的适用范围和假设。所以,调节变量能够帮助我们发展已有的理论,使理论对变量间关系的解释更为精细。

二、中介变量的理论意义

一般来说,当一个变量能够解释自变量和因变量之间的关系时,我们就认为它起到了中介作用。因此,研究中介作用的目的是在我们已知某些关系的基础上,探索产生这个关系的内部作用机制。在这个过程中,我们可以把原有的关于同一个现象的研究联系在一起,而使得已有的理论更为系统。另外,如果我们把事物之间影响的关系看作一个因果链,那么研究中介变量可以使自变量与因变量间的关系链更为清楚和完善,可以解释在自变量变化与因变量随之变化的中间发生了什么。所以,中介变量在理论上至少有两个重要的意义:①中介变量整合已有的研究或理论;②中介变量解释关系背后的作用机制。

1. 中介变量整合已有的研究或理论

中介变量可以帮助我们把原来用来解释相似现象的理论整合起来。以

Wang等(2005)的研究为例,以前有关变革型领导的很多研究广泛支持了一个结论,即变革型领导可以提高下属的工作绩效和组织公民行为,但很少有人以实证研究说明中间的原因是什么。同时也有不少研究发现,领导成员交换关系也会影响员工的工作绩效和组织公民行为。Wang等(2005)的研究就是从上述两个结论出发,去分析变革型领导是如何对下属的工作行为产生影响,他们发现领导成员交换关系正是该过程中起着中介作用的关键变量。变革型领导和领导成员交换关系曾是领导研究中先后被提出的两个并行的研究思路,虽然他们对下属行为的影响如此相似,可是人们一直以为它们只是从不同的角度解释同一个问题罢了,没有人想到这两个理论是否可以整合起来。Wang等(2005)的研究用领导成员交换关系对变革型领导对下属的影响作出了解释,同时也整合了两个主要的理论。

2. 中介变量解释关系背后的作用机制

我们对事物的理解一般是从粗糙到精细,从表面到本质的循序渐进的过程。而中介变量就是用来揭示关系背后的本质原因。比如,前文提到的"刺激—反应"模型,被称为"黑箱模型",就是因为人们不知道不同刺激如何引起不同的反应。而"刺激—机体—反应"模型则揭示出其中的原理在于不同的刺激激发了不同的机体内部作用,机体的不同作用产生了不同的反应。只有当我们清楚地知道关系背后的原理时,才能真正地建立起理论。在这个过程中,中介作用的研究就是不可或缺的。

总的来说,我们在研究中引入中介变量和调节变量都是为理论的发展服务的。中介变量与调节变量都是在原有的两个变量关系基础上的进一步研究,只有两个变量间的关系已经存在时,我们才需要用中介变量讨论这个关系中间的机制,或者是用调节变量界定该关系变化的条件。

第二节 调节效应检验

一、调节作用

调节变量是影响自变量与因变量之间关系的变量,这种影响既可以是对关系方向的影响,又可以是对关系强度的影响。简单说,如果变量X和变量Y有关系,但是X和Y的关系受第三个变量Z的影响,那么变量Z就是调节变量。调节变量是界定自变量和因变量发生关系的边界条件或前提条件。换句话说,调节变量所解释的是自变量和因变量的关系在不同的条件下是否会有变化。调节变量可以是类别变量(如性别、教育水平),也可以是连续变量(如智力、工资水平)。

我们通过一个实例来说明调节效应。有学者研究了工作与家庭冲突和职业满意度这一关系中的调节变量。研究人员发现,对于女性来说,这个关系在任何年龄段都显著。对于男性来说,这个关系仅在职业生涯后期才成立,即在男性年轻时,工作与家庭冲突对职业满意度不会有影响。在这个研究中,性别就是一个调节变量,因为对于不同性别的群体,工作与家庭冲突和职业满意度之间的关系也不同。这几个变量之间的关系如图 7.1 所示。

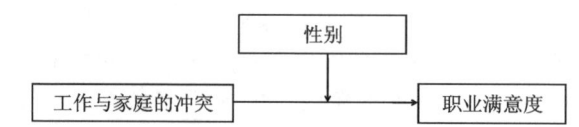

图 7.1　性别对工作与家庭冲突和职业满意度关系的调节作用

二、调节作用与交互作用

调节作用与交互作用虽然在统计上的分析原理和检验方法相同(温忠麟等,2005),但两者概念上是不同的。交互作用是指两个变量(X_1 和 X_2)共同作用时,对 Y 的影响不等于两者分别影响 Y 的简单数学和。调节变量是指一个变量(X_1)影响了另外一个变量(X_2)对 Y 的影响。

在交互作用分析中,两个自变量的地位可以是对称的,可以把其中任何一个解释为调节变量;它们的地位也可以是不对称的,只要其中有一个起到了调节变量的作用,交互效应就存在(Aiken and West,1991)。但在调节效应中,哪个是自变量、哪个是调节变量是很明确的,是由理论基础所决定的,在一个确定的模型中两者不能互换。

Colella 和 Varma(2001)的研究表明,员工的工作表现会影响上下级关系,员工是否残疾也会影响上下级关系,这两者加起来对上下级关系的影响,要大于他们各自对上下级关系的影响的总和。一个既有残疾而表现又很差的员工是极难和上级建立良好的上下级关系的,这就是交互作用。

相反,调节作用可以是不完全对称的。例如员工的性别可能是员工工作表现对上下级关系影响的调节变量。这时,性别不可以跟员工的工作表现互换。我们不可以说员工的表现也调节了性别对上下级关系的影响,因为"性别调节表现→关系"的理论可能跟"表现调节性别→关系"的理论不一样,可能性别对上下级的关系根本就没有影响。

在统计学上,两个变量的交互作用和调节变量的作用是用这两个变量的乘积来代表的。

$$Y = \beta_0 + \beta_1 X_1 + \beta_2 X_2 + \beta_3 X_1 X_2$$

X_1 对 Y 的影响是 β_1，X_2 对 Y 的影响是 β_2，β_1 和 β_2 反映了主效应的大小，β_3（$X_1 \times X_2$ 的系数）反映了交互作用和调节作用的大小。调节作用和交互作用在统计上的检验方法是一样的。如果乘积项的系数 β_3 显著，就意味着调节变量存在或者交互作用存在。

三、调节效应检验原理

图 7.2 反映了调节效应以及调节变量与自变量、因变量之间的关系，即自变量 X 与因变量 Y 之间本身存在关系，但这个关系受到调节变量（Mo）的影响。图 7.3 反映了调节效应检验的基本原理。调节效应可以转化为三条直接效应于因变量 Y 的路径，这三条路径分别为自变量 X 对因变量 Y 的主效应（路径 a），调节变量（Mo）对因变量 Y 的主效应（路径 b），自变量 X 和调节变量（Mo）共同对因变量 Y 的交互效应（路径 c）。如果交互效应（路径 c）是显著的，那么就可以证明调节效应的存在。

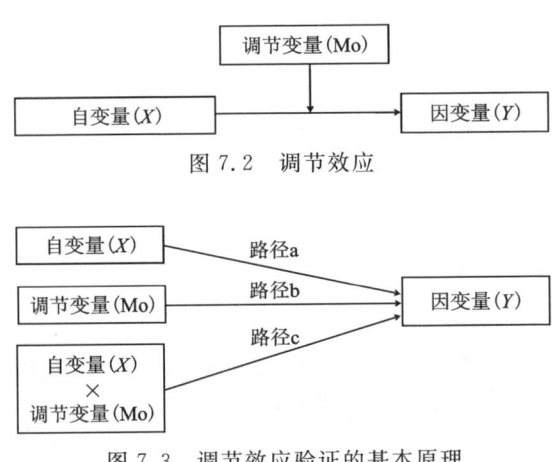

图 7.2 调节效应

图 7.3 调节效应验证的基本原理

四、调节效应的检验方法

既然一个模型中存在调节效应是指两个变量之间的关系会因为第三个变量的作用而改变，那么调节效应的检验就应该是测量在调节变量的影响下，自变量对因变量产生的不同作用。研究者可以根据自变量和调节变量的测量级别选择不同的方法。根据自变量和调节变量是类别变量还是连续变量，我们分为四种情况来介绍调节效应检验的方法。为了简化讨论,我们接下来都假设类别变量为二分变量。

类型1:调节变量—类别变量 自变量—类别变量

这是最简单的一种类型。在这种情况下,一个二分的自变量对因变量的影响受另一个二分变量的影响。例如,还是我们之前提到的例子,性别调节了工作与家庭冲突和职业满意度之间的关系。自变量是工作与家庭冲突,调节变量是性别,因变量是职业满意度。如果这时我们用二分法来确定参与调查人员的工作与家庭冲突是高还是低,这时自变量就是类别变量。调节变量(性别)显然也是类别变量。这时,通过一个2×2的方差分析就可以检验两个变量之间的交互效应,由此检验调节效应。我们可能还希望在调节变量的每一个水平上去分别测量自变量对因变量的影响有多大,但这个分析应该是在检验交互效应之后。

类型2:调节变量—类别变量 自变量—连续变量

第二种类型是调节变量是一个二分变量,自变量是一个连续变量。例如,还是我们前面这个工作与家庭冲突和职业满意度关系的例子。这时,如果我们用相关量表来测量参与调查人员的工作与家庭冲突,这时自变量就是连续变量,调节变量(性别)仍然是类别变量。这种情况下,可以根据调节变量的两个类别将数据分成两组,分别进行回归分析。得到两个回归系数以后,再确认回归系数间的差异是否显著。在本例中,可以先分别计算出女性和男性两类人的工作与家庭冲突对职业满意度的回归系数 β_1 和 β_2,再比较 β_1 和 β_2 是否存在显著差异。如果存在显著差异,则调节效应存在,反之则不存在调节效应。

类型3:调节变量—连续变量 自变量—类别变量

第三种类型是调节变量是一个连续变量,而自变量是一个二分变量。例如,还是研究工作与家庭冲突对职业满意度的影响的例子,这时调节变量换成了工作能力。调节变量(工作能力)通过评分获得,是连续变量。自变量(工作与家庭冲突)跟第一种类型一样,划分为两类,高和低,是类别变量。这种情况下,我们用前面提到的回归方程来进行调节效应的验证,即这个回归方程:$Y = \beta_0 + \beta_1 X + \beta_2 Mo + \beta_3 X Mo$。只是这里我们需要将自变量转变为虚拟变量,即编码为0和1。可以将工作与家庭冲突高时编码为1,工作与家庭冲突低时编码为0,反过来也可以。将自变量虚拟化后,就用回归分析来检验回归模型中乘积项的系数(β_3)是否显著,显著的话则存在调节效应。不显著的话,调节效应就不存在。

类型4:调节变量—连续变量 自变量—连续变量

第四种类型是调节变量是连续变量,自变量也是连续变量。例如,还是研究工作与家庭冲突对职业满意度的影响的例子。调节变量(工作能力)还是通过量表的评分获得,是连续变量。自变量(工作与家庭冲突)也通过量表来测量,是连续变量。这种情况下,也是通过回归分析来检验回归模型中乘积项的系数是否显著。显著的话则存在调节效应;不显著的话调节效应就不存在。

第三节 中介效应检验

一、中介作用

中介变量用来解释变量之间为什么会存在关系以及这个关系是如何发生的。一般来说,我们会用图 7.4 来解释中介变量和中介效应。简单说,凡是自变量(X)影响因变量(Y),并且自变量(X)是通过一个中间的变量(Me)对因变量(Y)产生影响的,中间变量(Me)就是中介变量。中介变量是联结自变量和因变量的桥梁。中介变量被认为是由自变量引起的,并影响了因变量的变化。

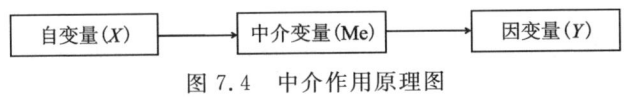

图 7.4 中介作用原理图

中介变量可以用来解释现象,在研究中扮演很重要的角色。中介作用可以分为两类:部分中介作用和完全中介作用。部分中介作用是指中介变量只是部分解释了自变量和因变量之间的关系,即加入中介变量(Me)后,仍然存在自变量(X)对因变量(Y)的直接影响。完全中介作用是指中介变量完全解释了自变量和因变量之间的关系,即加入中介变量(Me)后,不存在自变量(X)对因变量(Y)的直接影响。自变量(X)、因变量(Y)和中介变量(Me)之间的关系可以用路径图简单地表示为图7.5,当 $c=0$ 时,中介变量(Me)是完全中介变量,当 $c>0$ 时,中介变量(Me)是部分中介变量。

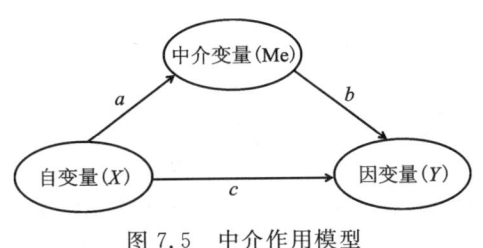

图 7.5 中介作用模型

二、中介效应的检验和分析

从中介作用的概念中,我们可以看到两个关键:第一,自变量(X)和因变量(Y)之间存在因果关系;第二,中介变量(Me)是这个因果关系中间的媒介,中介变量(Me)受到自变量(X)的影响之后,再影响因变量(Y),因此传递了自变量(X)的作用。这个过程并不复杂,我们现有的检验中介作用的方法正是通过验证这几个因果关系来实现的。

最常用也是最传统的检验中介效应的方法是 Baron 和 Kenny(1986)的方法。仅仅从数据分析上来看,这种方法主要包括以下 3 步:①自变量影响因变量;②自变量影响中介变量;③控制中介变量后,自变量对因变量的作用消失了,或是明显地减小了。大多数研究者都记得这 3 个步骤,但在数据关系的背后是需要有一些重要的前提的。所以,规范地说,检验中介作用的过程应该包括以下几个步骤。

1. 建立因果关系

中介效应意味着一个因果链——中介变量被认为是由自变量引起的,并影响了因变量的变化(Kenny et al.,1998)。因果关系是建立中介作用中最重要却又常常在研究中被忽略的一个环节,这个环节的缺失会给研究带来很大的问题。

要建立两个变量之间的因果关系,必须满足 3 个主要的标准:①两个变量间存在关联;②这种关系不是虚假的相关;③它们在发生的时间上有先后关系(Hoyle and Smith,1994)。对这些标准满足的程度决定了研究的水平和可以解释的关系,标准满足程度较低时可能只是一个简单的相关关系,一般只有用严格的方法(如实验法)满足了所有条件,才能证明因果关系。不过,Wegener 和 Fabrigar(2000)也提出,即使用非实验的研究,人们也可以通过把其他变量的影响作用控制起来的方法或收集几个时间点数据的方法,来实现比较严格的因果关系研究。

2. 检验中介效应

如果一个变量满足以下条件,我们就说它起到了中介变量的作用。①自变量(X)的变化能够显著地解释因变量(Y)的变化,即图 7.6 中 b_1 应显著不等于零;②自变量(X)的变化能显著地解释中介变量(Me)的变化,即图 7.6 中 b_2 应显著不等于零;③当控制中介变量(Me)后,自变量(X)对因变量(Y)的影响(b_3)应等于零,或者显著降低($b_3 < b_1$),同时 b_4 应显著不等于零。如果 b_3 等于零,中介变量(Me)就叫作完全中介变量;如果 b_3 不等于零但小于 b_1,中介变量(Me)就叫作

部分中介变量;如果b_3不小于b_1,中介变量(Me)作为中介变量的假设就不能成立了。

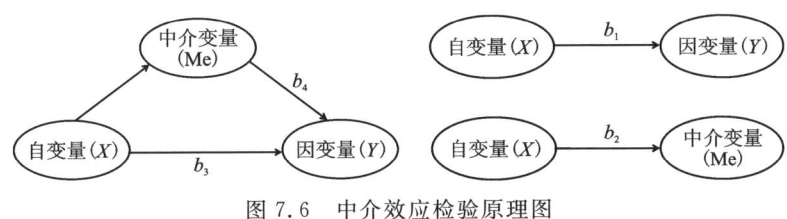

图 7.6　中介效应检验原理图

关于中介效应的验证,存在许多争议。MacKinnon等(2002)总结了14种不同的方法来验证中介效应。他们建议用直接测验自变量到中介变量的关系和中介变量到因变量的关系来验证中介效应。

三、中介作用检验中的问题

无论用什么方法检验中介变量,都存在一个同样的问题,即一个同样的统计结果背后存在着很多个可能的模型。图7.7列出了常见的4种模型。其中,第一个模型是中介模型。而第二个模型就不是中介模型,而是双自变量模型,应当注意到自变量(X)到中介变量(Me)不是单箭头,而是双箭头,双箭头反映的是双方有相关性,所以这个模型中自变量(X)和中介变量(Me)都是自变量,即双自变量模型。第三个模型初看可能会被看成是中介模型,但实际上它是相反中介模型。这里的箭头是从中介变量(Me)到自变量(X),再到因变量(Y),自变量(X)和中介变量(Me)的位置反过来了。因此,该模型中中介变量(Me)是自变量,自变量(X)是中介变量。第四个模型也不是中介模型,而是双因变量模型。中介变量(Me)到因变量(Y)的箭头是不存在的,即中介变量(Me)对因变量(Y)的影响不显著。这里中介变量(Me)就相当于第二个因变量。这个模型中自变量(X)既对因变量(Y)有显著影响,又对中介变量(Me)有显著影响,简化一下就是一个自变量对两个因变量产生影响。

在这4个模型中,第一个模型和第三个模型,即中介模型和相反中介模型,经常会让大家困惑。在第三个模型中,既然数据显示中介变量(Me)通过自变量(X)对因变量(Y)产生影响,那么,是不是可以直接将自变量和中介变量的位置调换一下呢?实际上这是不可以的。我们再强调一下,中介作用的含义是"自变量对因变量的影响是通过中介变量"的,也就是说自变量、因变量和中介变量之间的关系是建立在"因果关系"的基础上的,是通过理论推导出来的,而不是通过数据结果建立起来的。研究中不能从统计检验结果推到理论,而是要先有理论,

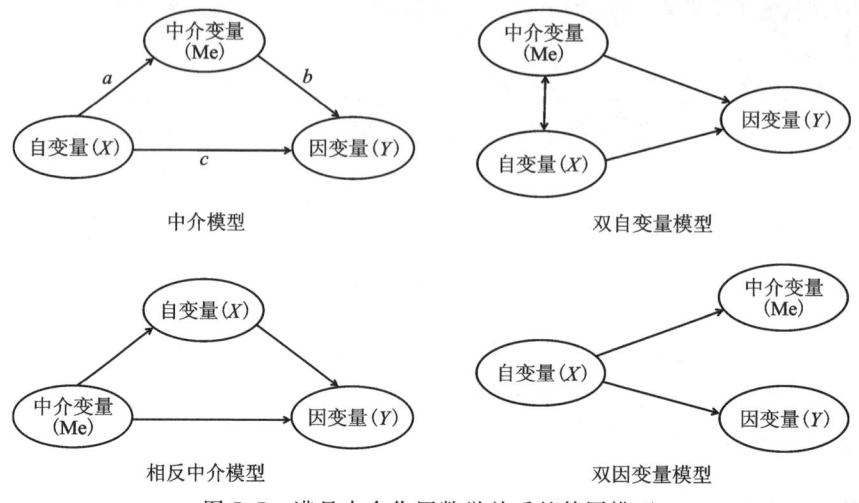

图 7.7 满足中介作用数学关系的等同模型

然后用统计工具来检验理论。统计方法只能用来检验所假设的模型,不能用来反推模型。

第四节 调节变量和中介变量的混合效应

管理理论日趋复杂,现在很多管理学的模型中都包含中介变量或调节变量,也有不少复杂的模型中既包含中介变量也包含调节变量。这些复杂的模型可以分为两类:被调节的中介作用和被中介的调节作用。这两种复杂的效应该如何检验呢?我们参照温忠麟等(2006)的方法来简要说明检验的原理和步骤。

一、被调节的中介作用

被调节的中介作用重点在中介作用。被调节的中介作用的检验用 4 步进行(图 7.8)。第一步,做因变量(Y)对自变量(X)和调节变量(Mo)的回归分析,自变量的系数显著。第二步,做中介变量(Me)对自变量(X)和调节变量(Mo)的回归分析,自变量的系数显著。第三步,做因变量(Y)对自变量(X)、调节变量(Mo)和中介变量(Me)的回归分析,中介变量的系数显著。到此为止,说明中介变量(Me)的中介效应显著。第四步,做因变量(Y)对自变量(X)、调节变量(Mo)、中介变量(Me)和调节变量与中介变量的乘积项 $Mo \times Me$ 的回归分析,乘积项的系数显著。到此,被调节的中介作用成立。

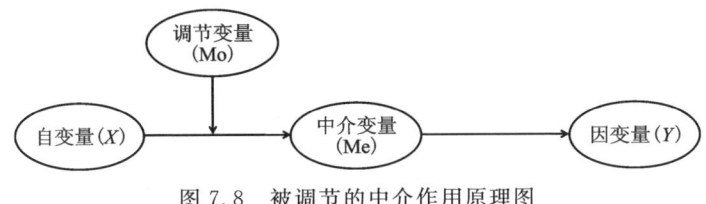

图 7.8 被调节的中介作用原理图

从上面分析步骤可知,检验被调节的中介作用时,先检验中介效应,然后检验调节效应。

二、被中介的调节作用

被中介的调节作用的检验用三步进行(图 7.9)。第一步,做因变量(Y)对自变量(X)、调节变量(Mo)和自变量与调节变量的乘积项 $X \times Mo$ 的回归分析,乘积项的系数显著。第二步,做中介变量(Me)对自变量(X)、调节变量(Mo)和自变量与调节变量的乘积项 $X \times Mo$ 的回归分析,乘积项的系数显著。第三步,做因变量(Y)对自变量(X)、调节变量(Mo)、自变量与调节变量的乘积项 $X \times Mo$ 和中介变量(Me)的回归分析,中介变量的系数显著。到此为止,说明中介变量(Me)的中介效应显著,被中介的调节作用成立。如果在第三步中,乘积项 $X \times Mo$ 的系数不显著,则调节变量(Mo)的调节效应完全通过中介变量而起作用。

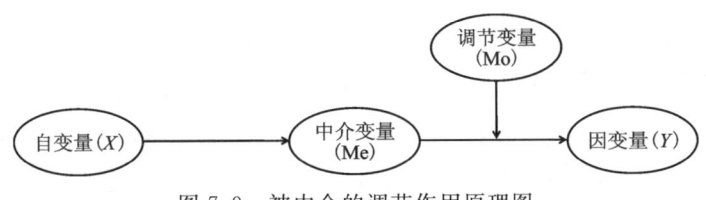

图 7.9 被中介的调节作用原理图

从上述分析步骤可知,检验被中介的调节作用时,先检验调节效应,然后检验中介效应。

在面对被调节的中介作用和被中介的调节作用时,许多研究者选择将其作为单独的中介作用和调节作用来检验。比如,面对图 7.9 中的模型时,先排除掉调节变量(Mo),只检验涉及自变量(X)、中介变量(Me)和因变量(Y)的中介效应;然后只检验涉及中介变量(Me)、调节变量(Mo)和因变量(Y)的调节效应。这种检验思路实际上将原有的模型拆分成两个单独的中介模型和调节模型来检验,本质上并没有检验出原有的模型,因此是不准确的。

主要参考文献

陈晓萍,徐淑英,樊景立. 组织与管理研究的实证方法[M]. 北京:北京大学出版社,2010.

林初锐,李永鑫,胡瑜. 社会支持的调节作用[J]. 心理科学,2004,27(5):1116-1119.

刘军. 管理研究方法原理与应用[M]. 北京:中国人民大学出版社,2019.

卢谢峰,韩立敏. 中介变量,调节变量与协变量——概念,统计检验及其比较[J]. 心理科学,2007(4):934-936.

温忠麟,侯杰泰,张雷,等. 中介效应检验程序及其应用[J]. 心理学报,2004,36(5):614-620.

温忠麟,侯杰泰,张雷. 调节效应与中介效应的比较和应用[J]. 心理学报,2005,37(2):268-274.

温忠麟,张雷,侯杰泰. 有中介的调节变量和有调节的中介变量[J]. 心理学报,2006,38(3):448-452.

吴明隆. 结构方程模型——AMOS 的操作与应用[M]. 重庆:重庆大学出版社,2010.

AGUINIS H. Statistical Power Problems with Moderated Multiple Regression in Management Research[J]. Journal of Management,1995,21(6):1141-1158.

AIKEN L S,WEST S G. Multiple Regression:Testing and Interpreting Interations[M]. Newbury Park:Sage,1991.

BARON R M,KENNY D A. The Moderator-Mediator Variable Distinction in Social Psychological Research:Conceptual,Strategic,and Statistical Considerations[J]. Journal of Personality and Social Psychology,1986,51(6):1173-1182.

COLELLA A,VARMA A. The Impact of Subordinate Disability on Leader-member Exchange Relationships[J]. Academy of Management Journal,2001,44(2):304-315.

HOYLE R H,SMITH G T. Formulating Clinical Research Hypotheses as Structural Equation Models:A Conceptual Overview[J]. Journal of Consulting and Clinical Psychology,1994,62(3):429-440.

KENNY D A,KASHY D A,BOLGAR N. Data Analysis in Social Psychology

[M]// GILBERT D T, FISKE S T, Lindzey G. The Handbook of Social Psychology (4th edition). New York: Oxford University Press. 1998.

LAW K S, WONG C S, HUANG G. On the Problem of Testing Mediators Using Cross-sectional Correlational Data[C]//Academy of Management Annual Meeting, Hawaii, USA, 2005.

MACKINNON D P, LOCKWOOD C M, HOFFMAN J M, et al. A Comparison of Methods to Test Mediation and Other Intervening Variable Effects[J]. Psychological Methods, 2002, 7(1): 83-104.

MARTINS L L, EDDLESTON K A, VEIGA J F. Moderators of the relationship between Work-family Conflict and Career Satisfaction[J]. Academy of Management Journal, 2002, 45(2): 399-409.

MULLER D, JUDD C M, YZERBYT V Y. When Moderation is Mediated and Mediation is Moderated[J]. Journal of Personality and Social Psychology, 2005, 89(6): 852-863.

STONE-ROMERO E, ROSOPA P J. Inference Problems with Hierarchical Multiple Regression-based Tests of Mediating Effects[J]. Research in Personnel and Human Resources Management, 2004, 23: 249-290.

WANG H, LAW S K, HACKETT R, et al. Leader-member Exchange as a Mediator of the Relationship between Transformational Leadership and Followers' Performance and Organizational Citizenship Behavior[J]. Academy of Management Journal, 2005, 48(3): 420-432.

WEGENER D T, FABRIGAR L R. Analysis and Design for Nonexperimental Data: Addressing Causal and Noncausal Hypotheses[M]// REIS H T, Judd C M. Handbook of Research Methods in Social and Personality Psychology. New York: Cambridge University Press, 2000.

WOODWORTH R S. Dynamic Psychology[M]. In C. Murchison (ed.), Psychologies of 1925. Worcester, MA: Clark University Press, 1928.

第八章　因子分析

在管理学研究领域,因子分析作为实证研究的重要方法之一,扮演了极其重要的角色。因子分析的主要功能在于将具有错综复杂关系的观测变量综合为少数几个因子,以再现原始变量与因子之间的相互关系,同时还可以根据不同因子对变量进行分类。因此,它本质上是一种用来检验潜在结构是怎样影响观测变量的方法。在管理学的研究中,因子分析常用于对量表的结构进行简化。因子分析主要有两种基本形式:探索性因子分析(exploratory factor analysis,EFA)和验证性因子分析(confirmatory factor analysis,CFA)。当我们手中有原始数据资料,但纷繁复杂的表面关系让我们难以理清头绪的时候,探索性因子分析(EFA)可以帮助我们找出事物内在的本质结构;而当我们头脑中已经有了明确的关系结构、清晰的思路,但仍对这一结构的正确与否有些怀疑,这时验证性因子分析(CFA)就可以帮助我们检验已知的特定结构是否按照预期的方式产生作用。这两种方法之间既有联系也有区别。

本章主要阐述了因子分析的思想,并分别阐述探索性因子分析和验证性因子分析的实施步骤,以及两种因子分析的结合应用。通过本章的学习,期望读者能够掌握因子分析的方法,并将这种方法用于管理学研究中。

第一节　因子分析的思想

一、因子分析的基本思想

因子分析的基本思想是对变量的相关系数矩阵的内部结构进行研究,找出能控制所有变量的少数几个变量来描述各原始变量之间的相关关系,然后根据相关性的大小把变量分组,使得同组内的变量之间相关性较高,而不同组的变量之间相关性较低。由此得到的少数几个不可观测的变量,通常称为因子。

通过一个实际的例子给大家展示因子分析的基本思想。对于酒店的经营者来说,很想知道顾客对这家酒店的服务作何评价,因此他们设计了以下10个量化指标,来测量顾客的满意程度。

V_1:该酒店比同等级其他酒店经营得更好；

V_2:我很信赖该酒店；

V_3:该酒店很适合我；

V_4:我已经建立了与该酒店之间的长期联系；

V_5:该酒店能给我宾至如归的感受；

V_6:该酒店能给我城市绿洲的感觉；

V_7:该酒店能让我感觉轻松愉快；

V_8:该酒店的装潢设计很特别；

V_9:该酒店很有创意；

V_{10}:该酒店是商务旅行的完美选择。

从这些观测变量所反映的内容中,我们可以形成这样一个初步感受:影响顾客对每一个指标打分高低的因素有很多,但对于具体的每一个指标而言,肯定有一个或者少数几个因素是最关键的。因此我们可以假定一个模型,它表明所有的观测变量($V_1 \sim V_{10}$)是一部分受到潜在公共因子(假设有 3 个公共因子 F_1、F_2 和 F_3)的影响,一部分受到潜在特殊因子($\varepsilon_1 \sim \varepsilon_{10}$)的影响。这里所说的公共因子可以理解为影响每个具体指标得分的共同的关键因素,而特殊因子则可理解为除这些共同的关键因素外的其他所有的次要因素。需要说明的是,每个因子和每个变量之间的相关程度一般是不一样的,某个给定因子对于某些变量的影响可能要比其他变量的影响大,这在一定程度上可从它们之间相关程度的强弱中反映出来。

我们可以把这个因子模型表示成线性函数,并从统计的专业角度解释其含义:

$$V_1 = a_{11}F_1 + a_{12}F_2 + a_{13}F_3 + \varepsilon_1$$
$$V_2 = a_{21}F_1 + a_{22}F_2 + a_{23}F_3 + \varepsilon_2$$
$$\cdots\cdots$$
$$V_{10} = a_{101}F_1 + a_{102}F_2 + a_{103}F_3 + \varepsilon_{10}$$

式中,F_1、F_2 和 F_3 表示 3 个潜在因子,它对所有 $V_i(i=1,2,\cdots,10)$ 是公有的因子,通常称为公共因子,也就是共同影响每个具体指标得分的关键因素。它们的系数 $a_{ij}(i=1,2,\cdots,10;j=1,2,3)$ 表示第 i 个变量在第 j 个因子上的载荷。$\varepsilon_i(i=1,2,\cdots,10)$ 表示第 i 个变量不能被前 3 个因子所解释的部分,称为特殊因子,也就是分别影响每个具体指标得分的其他所有次要因素。通常假定 ε_i 服从正态分布。

得到了以上因子模型以后,我们就可以通过因子分析来考察并观测变量之间的相关系数、方差和协方差。高度相关的观测变量(不管是正相关还是负相关)很可能是受相同因子的影响,而对于相关程度不高的观测变量而言,其很可能是受不同因子的影响。在这里,因子必须尽可能多地解释变量的方差,每个变量在每个因子上都有一个因子载荷,因子的意义由观测变量在哪个因子上载荷最大来决定。通过寻找潜在公共因子,并合理解释因子的意义,我们就能揭示错综复杂的事物的内部结构。

回到酒店满意度的题目中,a_{11}、a_{12}、a_{13}分别表示的是V_1在F_1、F_2、F_3这3个因子上的因子载荷。比较这3个因子载荷,V_1在哪个因子上的因子载荷大,就归到哪个因子类别里。假设a_{11}、a_{12}和a_{13}中,a_{11}最大,那么V_1就划归到F_1这个因子中。同理,这10个观测变量都可以依次划归到这3个因子中。

接下来,我们就可以给每个因子命名了。假设这10个指标中V_1到V_4四个指标划归到第一个因子F_1中,我们可以命名为"对酒店的总体评价"。V_5到V_7三个指标划归到第二个因子F_2中,我们可以命名为"对酒店的感觉"。V_8到V_{10}三个指标划归到第三个因子F_3中,我们可以命名为"对酒店的环境认知"。这样我们就用3个因子来表述这个量表了,而不是用10个指标,这就达到了减少变量的目的。

二、两种因子分析基本思想的异同

接下来进一步探讨探索性因子分析(EFA)和验证性因子分析(CFA)这两种因子分析基本思想的异同。比如,要利用因子分析来帮助我们介绍和了解一个人,可以首先收集到所有可能获得的有关这个人的信息:性别、年龄、身高、体重、性格、爱好、特长,等等。也许对于哪些信息是最基本、最关键的,我们一无所知,但可以利用探索性因子分析来找出控制每一个具体信息的关键潜在因素。由此我们会发现:性别、年龄、身高、体重等方面的信息都是受身体特征这一因素控制。而性格、爱好、特长等方面的信息则是受思想特征这一因素控制。因此介绍和了解这个人只需抓住身体特征和思想特征这两个关键的控制变量就可以了。而这两个关键的控制变量是否能够真正准确、全面地反映这个人的各项信息,就可以通过先假定这一内在结构的合理性,再在此基础之上检验此结构是否能和真实数据很好地吻合,即通过验证性因子分析进行检验。

由此看来,探索性因子分析和验证性因子分析都是以普通因子模型为基础的。因子分析的基本思想是寻找公共因子以达到减少变量个数的目的。在寻找公共因子的过程中,是否利用先验信息,产生了探索性因子分析和验证性因子分析的区别。探索性因子分析是在事先不知道影响因素的基础上,完全依据资料数据,利用统计软件以一定的原则进行因子分析,最后得出因子的过程。而验证性因子分析充分利用了先验信息,是在已知因子结构的情况下检验所搜集的数据资料是否按事先预定的结构方式产生作用。因此探索性因子分析主要是为了找出影响观测变量的因子个数,以及各个因子和各个观测变量之间的相关程度;而验证性因子分析的主要目的是检验事先定义因子的模型拟合实际数据的能力。进行探索性因子分析之前,不必知道要用几个因子,各个因子和观测变量之间的联系如何;而进行验证性因子分析之前则要求事先假设因子结构,我们所要做的是检验它是否与观测数据一致。

探索性因子分析试图揭示一组相对较多的观测变量的内在结构。研究者的假定是每个观测变量都与某个因子匹配。这是因子分析最通常的形式,没有先验理论形式,没有先验理论,只能通过因子载荷推断数据的因子结构。

验证性因子分析试图检验观测变量的因子个数和因子载荷是否与预先建立的理论预期一致。观测变量是基于先验理论选出的,研究者的先验假设是每个因子都与一个具体的观测变量子集对应。验证性因子分析至少要求预先假设模型中因子的数目,但有时也预期哪些变量依赖哪个因子。

第二节 探索性因子分析

探索性因子分析主要有 7 个步骤,如图 8.1 所示。

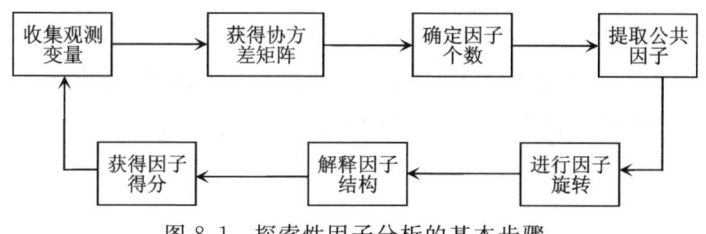

图 8.1 探索性因子分析的基本步骤

第一步,收集观测变量。即将量表或问卷派发出去来收集数据。由于总体的复杂性和统计基本原理的保证,为了达到研究目的,通常采用抽样的方法收集数据,同时必须按照实际情况收集观测变量,获得真实的观测值。

第二步,获得协方差矩阵(或相关系数矩阵)。我们所有的分析都是从原始数据的协方差矩阵(或相关系数矩阵)出发的,这样才能使我们分析得到的数据具有可比性。因此,一个重要的步骤是根据资料数据获得变量的协方差矩阵。

第三步,确定因子个数。有时候具体的假设决定了因子的个数;但更多的时候没有这样的假设,我们仅仅希望最后得到的模型能用尽可能少的因子来解释尽可能多的方差。如果有 k 个变量,那么最多只能提取 k 个因子。通过检验数据来确定最优因子个数的方法有很多,如 Kaiser 准则(又称为"特征值大于 1 准则")要求因子个数与特征值大于 1 的成分个数相等。而 Scree 检验要求把相关系数矩阵的特征根按从小到大的顺序排列,绘制成图,然后确定因子的个数。究竟采用哪种方法确定因子个数,具体操作时可以视情况而定。

第四步,提取公共因子。公共因子的提取方法也有多种,主要有主成分法、不加权最小二乘法和极大似然法等,可以根据需要选择合适的因子提取方法。其中主成分法是一种比较常用的提取因子的方法,它是用变量的线性组合中能产生最大样本方差的那些组合(称主成分)作为公共因子来进行分析的方法。

第五步,进行因子旋转。由于因子载荷矩阵的不唯一性,可以对因子进行旋转,使得因子结构朝我们可以合理解释的方向趋近。用一个正交矩阵右乘已经得到的因子载荷矩阵(由线性代数可知,一次正交变化对应坐标系的一次旋转),使旋转后的因子载荷矩阵结构简化。旋转的方法也有多种,如正交旋转、斜交旋转等,最常用的是方差最大化正交旋转。

第六步,解释因子结构。我们最后得到的简化的因子结构是使每个变量仅在一个公共因子上有较大载荷,而在其余公共因子上的载荷比较小,至多是中等大小。这样就能知道研究的这些变量到底是由哪些潜在因素(也就是公共因子)影响的,哪些因素是起主要作用的,而哪些因素的作用较小,甚至可以不用考虑。

第七步,获得因子得分。因子分析的数学模型是将变量表示为公共因子的线性组合。由于公共因子能反映原始变量的相关关系,用公共因子代表原始变量,常更利于描述研究对象的特征,因而往往需要反过来将公共因子表示为变量的线性组合,即因子得分。

第三节 验证性因子分析

验证性因子分析主要包含 6 个步骤,如图 8.2 所示。

第一步,定义因子模型。包括选择因子个数和定义因子载荷。因子载荷可以事先定为 0 或者其他自由变化的常数,或者在一定的约束条件下变化的数(比如与另一载荷相等)。这是和探索性因子分析在分析方法上的一个重要差异。

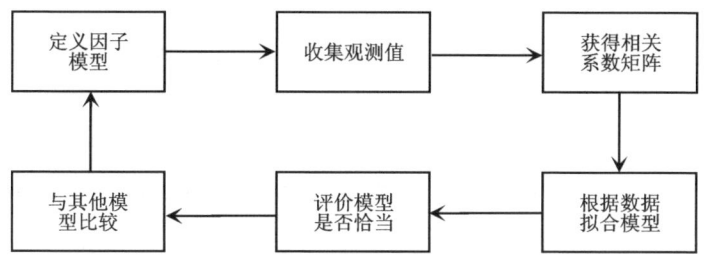

图 8.2 验证性因子分析的基本步骤

可以用一个直观的比喻,也就是说探索性因子分析是在一张白纸上作图,而验证性因子分析是在一张有框架的图上完善和修改。

第二步,收集观测值。定义了因子模型以后,就可以根据研究目的收集观测值了,这一点与探索性因子分析具有一定的相似之处。

第三步,获得相关系数矩阵(或者协方差矩阵)。与探索性因子分析一样,我们的分析都是在原始数据的相关系数矩阵基础上进行的,所以首先要得到相关系数矩阵。实际上方差-协方差矩阵和相关系数矩阵是可以相互转化的。

第四步,根据数据拟合模型。我们需要选择一个方法来估计自由变化的因子载荷。最常用的是极大似然估计,也可采用渐进分布自由估计。

第五步,评价模型是否恰当。这一步可以说是验证性因子分析的核心。当因子模型能够拟合数据时,因子载荷的选择要使模型暗含的相关矩阵与实际观测矩阵之间的差异最小。最优的参数被选择以后,差异量能被用来衡量模型与数据一致的程度。最常用的模型适应性检验是卡方拟合度检验。原假设模型是适应性模型,备择假设是存在显著差异。但是,这个检验受样本量大小影响,包含大样本的检验往往会导致拒绝原假设,尽管因子模型是合适的。

第六步,与其他模型比较。为了得到最优模型,我们需要完成这一步。如果你想比较两个模型,其中一个是另一个的缩略形式,你就能从卡方统计量的值检查出它们的差别,卡方差值也服从卡方分布。几乎所有独立因子载荷的检验都能用来作为全因子模型和简因子模型之间的比较。为避免不是在检查全模型和简模型,可以比较均方根误差的近似值(RMSEA),它是模型中每个自由度差异的一个估计值。

在评价一个模型的合理性时,必须检查多个指标,而不是依赖于其中的一个指标。我们一般用结构方程模型(structure equation modeling,SEM)来进行验证性因子分析。在结构方程模型中,提供了许多的指标,包括绝对拟合优度指标和相对拟合优度指标,我们将在第 9 章结构方程模型中介绍。

第四节 两种因子分析的结合使用

验证性因子分析与结构方程模型(SEM)有着极强的联系,我们也常用结构方程模型来进行验证性因子分析。结构方程模型(SEM)是统计学领域中相对不太标准的领域,其具体原理和应用方法请参阅第九章。验证性因子分析比探索性因子分析处理要困难得多。验证性因子分析比探索性因子分析要求更大容量的样本,主要是因为验证性因子分析要处理推论统计量。精确的样本量要随着观测值和模型的因子数变化而变化,但一个标准模型至少需要 200 个样本。和探索性因子分析一样,模型中每个因子至少需要 3 个变量;与探索性因子分析不同的是,必须选择与每个因子在很大程度上匹配的变量,而不是可能是潜在变量的"随机样本"。

一般来说,如果没有坚实的理论基础支撑,有关观测变量内部结构一般用探索性因子分析。先用探索性因子分析产生一个关于内部结构的理论,再在此基础上用验证性因子分析,这种做法比较可取,但必须用分开的数据集来做。如果直接把探索性因子分析的结果放到同一数据的验证性因子分析中,就仅仅是拟合数据,而不是检验理论结构。合理的做法是用一半数据作探索性因子分析,然后把析取的因子用在剩下的一半数据中作验证性因子分析。或者是收集两次数据,第一次的数据用来作探索性因子分析,第二次的数据用来作验证性因子分析。如果验证性因子分析的拟合效果非常差,就必须用探索性因子分析找出数据与模型之间的不一致。但是在对新数据拟合模型时,任何改动都需要重新进行检验。

这两种因子分析结合使用最多的是在开发新量表的时候。在开发新量表时,我们要先使用探索性因子分析确定量表的结构,再重新收集数据用验证性因子分析验证之前确定的量表结构的合理性。

主要参考文献

刘军. 管理研究方法原理与应用[M]. 北京:中国人民大学出版社,2019.
涂平. 市场营销研究方法与应用(第三版)[M]. 北京:北京大学出版社,2020.
CHILD D. The Essentials of Factor Analysis (2nd edition)[M]. London:Cassel Educational Limited,1990.

DEVELLIS R F. Scale Development: Theory and Applications [M]. Newbury Park:Sage Publications,1991.

KLINE R B. Principles and Practice of Structural Equation Moedling[M]. New York:The Guilford Press,1998.

THOMPSON B. Exploratory and Confirmatory Factor Analysis:Understanding Concepts and Applications[M]. Washington,DC:American Psychological Association, 2004.

TRUXILLO C. Multivariate Statistical Methods:Practical Research Applications Course Notes[M]. Cary NC:SAS Institute,2003.

WEGENER D T, FABRIGAR L R. Analysis and Design for Nonexperimental Data:Addressing Causal and Noncausal Hypotheses[M]// REIS H T,JUDD C M. Handbook of Research Methods in Social and Personality Psychology. New York:Cambridge University Press,2000.

第九章 结构方程模型

结构方程模型(structural equation modelind,SEM)在管理学研究中被学者们广泛采纳,用以分析数据,检验假设。结构方程模型集合多种传统统计分析方法的优点,已成为适用广泛的分析方法,其强大的数据解析能力和理论验证功能得到了充分的展现。随着我国管理学的迅速发展,越来越多的研究者开始学习、应用结构方程模型,使其作为数据分析手段。本章将主要介绍结构方程模型的基本原理、模型的建立、有效性检验和应用。

第一节 结构方程模型的基本原理

一、结构方程模型

结构方程模型(SEM)是用来检定关于观察变量和潜变量之间假设关系的一种多重变量统计分析方法。结构方程模型是包含了一连串回归方程,可以同时分析出多个因变量与自变量自身及其之间的复杂关系。所以,本质上讲,结构方程模型就是回归分析。但回归方程只能一次解释一个因变量和几个自变量之间的关系。而结构方程模型可同时计算多个因变量和多个自变量彼此之间的复杂关系。

我们先来理解结构方程模型的一些关键概念。首先是潜变量。潜变量指的是不能直接加以测量或观察的变量。通常是一些比较抽象的构念或概念,比如自尊。潜变量在结构方程模型图中用椭圆进行表示。潜变量可分为潜在自变量和潜在因变量。潜变量中被假定为原因的被称为潜在自变量(或外源变量),记为 ξ;被假定为结果的潜变量被称为潜在因变量(或内生变量),记为 η。潜变量本身不能直接被观察到,需要通过一组观测指标进行测量。

与潜变量相对应的是观测变量。观测变量是指可以直接进行测量或观察的变量,比如完成的工作量。通常问卷或量表中的题项就是观测变量,这些题项由被调查对象直接回答。观测变量在结构方程模型中用长方形进行表示。观测变量可细分为观测自变量(记为 x)和观测因变量(记为 y)。观测自变量(x)是潜在自变量(ξ)的观测指标,观测因变量(y)是潜在因变量(η)的观测指标。

在这四类变量中,潜在自变量(ξ)与观测因变量(y)没有直接关系,潜在因变量(η)与观测自变量(x)没有直接关系,观测自变量(x)与观测因变量(y)也没有直接关系。这四类变量之间构成以下五种关系(图9.1)。

(1)潜在自变量(ξ)与潜在自变量(ξ)间的关系。用它们的协方差矩阵表示,记为φ。

(2)潜在自变量(ξ)与潜在因变量(η)间的关系。用它们的回归系数表示,记为γ。

(3)潜在因变量(η)与潜在因变量(η)间的关系。用它们的回归系数表示,记为β。

(4)潜在自变量(ξ)与观测自变量(x)间的关系。用观测自变量(x)在潜在自变量ξ上的载荷表示,记为λ_x。

(5)潜在因变量η与观测因变量(y)间的关系。用观测因变量(y)在潜在因变量η上的载荷表示,记为λ_y。

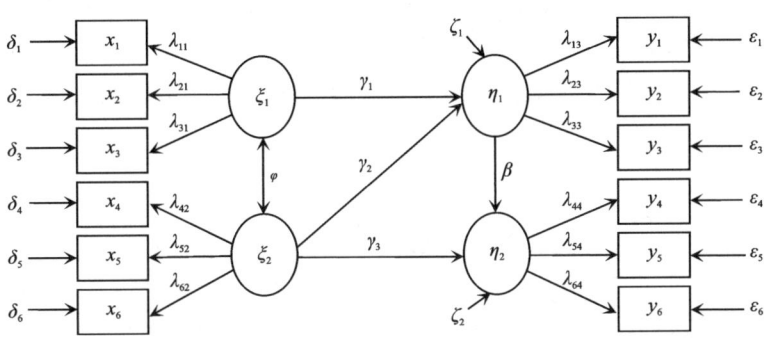

图9.1 结构方程模型路径图

除了上述四类变量外,结构方程模型中还包含三种误差:一是观测自变量(x)的测量误差,记为δ;二是观测因变量(y)的测量误差,记为ε;三是潜在因变量(ξ)无法被当前结构方程模型解释的残差,记为ζ。通常假设误差项是随机的,即误差项服从均值为0,方差为常数的正态分布。误差项与潜变量不相关,误差项之间也不相关。结构方程模型最终所要验证的就是潜变量与潜变量、潜变量与观测变量以及误差项之间的关系。

二、结构方程模型的基本类型

简单来说,结构方程模型可以分为以下三大类:测量模型、路径模型和全模型。接下来具体阐述这三类结构方程模型的样式和使用场景。

1. 测量模型

图 9.2 基本构造了测量模型的面貌。这里,我们用 4 个观测自变量(x_1、x_2、x_3 和 x_4)来测量一个潜变量。潜变量和观测变量之间的关系用因子载荷(λ)表示。并且,每个观测变量的误差用 δ 表示。标准化因子载荷(λ)小于 1,且最好要大于 0.5。一般低于标准化因子载荷小于 0.5 的题项要被删掉。测量模型的主要用途是用来进行验证性因子分析,往往用于量表的结构效度的检验。

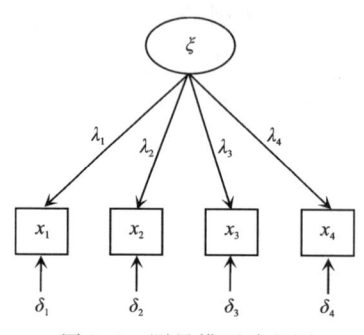

图 9.2 测量模型路径图

2. 路径模型

图 9.3 基本构造了路径模型的面貌。这个模型中包含了 3 个自变量和 2 个因变量。它们之间有着复杂的相互关系。结构方程模型可同时将所有这些关系一起估算,同时分析各个变量之间的关系。除此之外,模型中还包含自变量和因变量之间的回归系数 γ;因变量与因变量之间的回归系数 β;以及因变量无法被解释的残差 ζ。

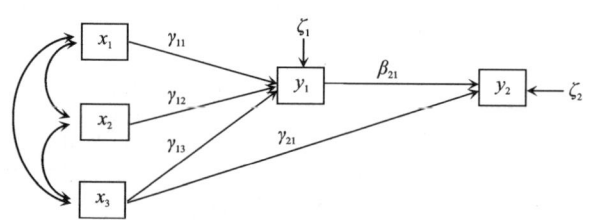

图 9.3 路径模型路径图

路径分析的主要作用是想了解各变量之间的关系,其中包括直接关系和间接关系两大类。直接关系是指某一变量对另一变量产生的直接影响。如图中从 x_1 到 y_1。而间接关系则是某一变量对另一变量的影响是通过其他变量而形成的,如图中 x_1 通过 y_1 而影响 y_2。总效应是指某一变量对另一变量的直接关系加上间接关系的总和。例如 x_3 与 y_2 之间既存在直接关系,同时通过 y_1 也存在着间接关系。x_3 与 y_2 的总效应就是以上直接关系和间接关系之和。

3. 全模型

图 9.4 基本构造了全模型的面貌。全模型是同时包含了测量模型和路径模

型的总和。即同时包含外源变量和内生变量的模型,也称为完整模型。我们可以将全模型简化为两部分。核心部分是路径模型,反映的是各变量之间的关系,另外再加上这些变量如何进行测量的测量模型。

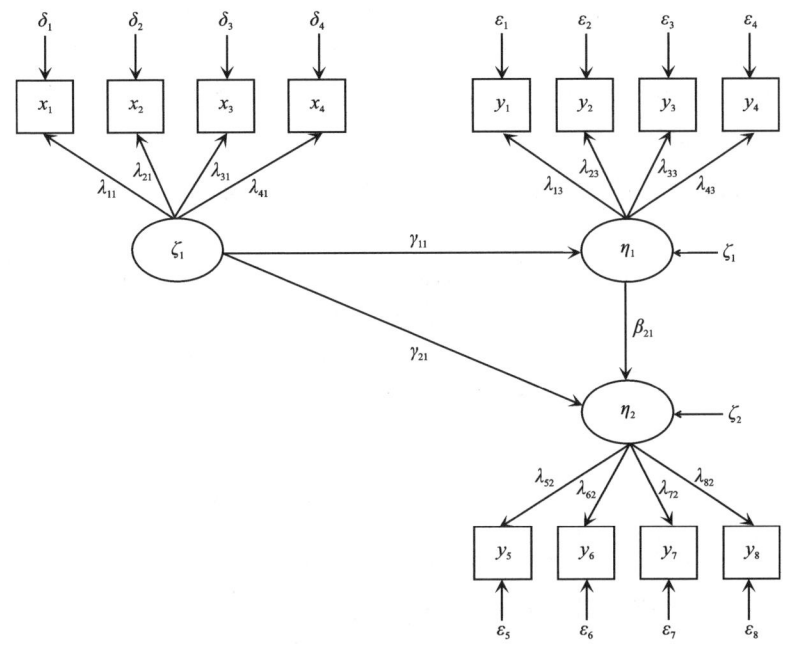

图 9.4 全模型路径图

第二节 建立结构方程模型

一、潜变量的度量方法

潜变量是个虚拟的概念,当我们要度量这些潜变量时,通常我们采取以下两种方法之一:①固定负荷法。即任取一个观察变量(如 x_1)为参照指标,同时设定其截距为 0,因子负荷为 1。这样,不但使得潜变量一个单位的变化相应导致其观察变量一个单位的变化,而且潜变量的平均值也等于相应参照指标的观察平均值。②固定因子方差法。即将潜变量标准化,设定其方差(φ_{11})为 1(图 9.5)。

虽然图 9.5 中两种方法在数字的表述上是不同的,但是殊途同归,本质上是相同的。如图所示,模型 1 采用的是固定负荷法,即选择了 x_1 为参照指标并且将其因子负荷设定为 1。而模型 2 采用的是固定因子方差法,将因子标准化后,4 个观察变量都有其相应的因子负荷。换个角度分析,其实模型 1 是将模型 2 中所有的因子负荷数全部除以第一个指标(即参照指标)的因子负荷数(即 0.44)从而得到了模型 1 的各个因子负荷数值,相应地,此时模型 1 中因子的方差也变成了 0.44 的平方,即 0.193 6。综上所述,无论我们用哪一种方法来设定潜变量的单位,所要估测的目标参数数量是不变的。具体到本例,模型 1 和模型 2 同样需要得到对 8 个参数的估测结果,这点是不变的。值得注意的是,当我们进行跨组别比较研究时,必须采用固定负荷法来完成对潜变量单位标准化这一步骤。因为在固定方差法中,两组构念的方差(φ_{11})假设为相等,而这个假设在跨组别比较研究中是不恰当的,所以我们选择无此假设的固定负荷法。

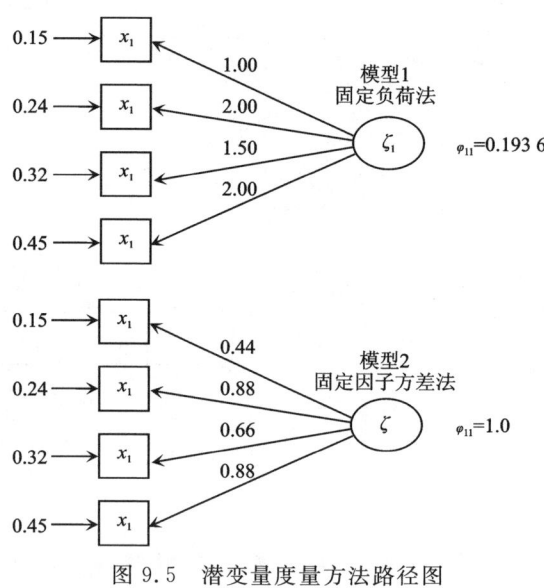

图 9.5　潜变量度量方法路径图

二、结构方程模型的建立步骤

建立结构方程模型的一般包含以下 6 个步骤。

第一步,建立一个基于理论基础的假设模型。结构方程中的分析统称检定分析,即是对假设模型的一种检定,所以首先我们应当建立一个假设模型。

第二步,根据理论所表达的各变量之间的相互关系,整个模型用路径图的方式呈现出来。

第三步,将路径图用一组结构方程演绎并对测量方程进行具体描述。

第四步,将前面所陈述的关系一一表述为 LISREL、AMOS、EQS、SAS 等程序语言,然后运行结果。这些软件是常用的进行结构方程模型分析的软件,其中 AMOS 最容易为初学者掌握。

第五步,结果输出。这时我们要着重观察几个方面的因素:①参数估计的可行性;②假设模型与实验数据的拟合程度;③参数的估计是否显著。

第六步,解释输出结果。

第三节 结构方程模型的有效性检验

一、结构方程模型的有效性分析

结构方程模型的有效性分析主要是为了检验我们建立的结构方程是否有效?是否合理?结构方程模型的有效性分析,我们一般从以下 4 个方面着手。

第一,参数的估计可行性。从结构方程模型估计出来的参数来评估是否合理。比如,X 观测变量间的协方差和因子间协方差都应分别大于 0,如果任意一方有小于 0 的数值,即不合理的数值出现,则可全盘否定此结构模型。再比如标准化因子载荷应当小于 1,如果大于 1 则出现了不合理的数值。

第二,假设模型与实验数据的拟合程度。我们会选择不同的拟合指数进行衡量,一般包括绝对拟合指数和相对拟合指数。这些指标后文会介绍。

第三,参数估计是否显著。即看每个参数的 t 值或第一类错误值(即 p 值)。p 值应当小于 0.05,t 值应当大于 1.96。

第四,X 的复相关系数。在结构方程模型中,每个观测变量 X 都有一个复相关系数,这个系数要越大越好。因为如果它变小的话,则说明观测变量与潜变量之间的关系也相应变弱了。

如果这四个方面都达到了,则结构方程模型是有效合理的。

二、模型拟合指数

正如前文所述,在对结构方程模型进行有效性分析时,一个重要的参照是模型拟合指数。模型拟合指数反映的是整个模型与数据的相符合的程度。拟合指数包括绝对拟合指数和相对拟合指数。

绝对拟合指数主要有 3 个:第一个指数是卡方和自由度的比值(χ^2/df),这个比值一般认为小于 3 是可接受拟合度的标志。第二个指数是近似均方根误差(root mean square error of approximation,RMSEA),一般认为这个指数小于 0.08 是可接受拟合度的标志。第三个指数是均方根残差(root mean square residual,RMR),一般认为这个指数小于 0.05 是可接受拟合度的标志。

相对拟合指数有很多,常用的有 GFI(goodness of fit index)、CFI(comparative fit index)、TLI(tucker-lewis non-normal fit index)、IFI(incrementak fit index)、RFI(relative fit index)、NFI(normed fit index)等,一般认为这些指数大于 0.9 是可接受拟合度的标志。还有一个比较特殊的是 AGFI(adjusted goodness of fit index),一般认为这个指数大于 0.8 是可接受拟合度的标志。

往往很多情况下,并不能保证所有的指数都达到标准。如果多数指数达到了标准,我们就认为这个结构方程模型与数据拟合较好,该模型是有效合理的。

总体上看,拟合指数表现差,那么就有可能是两种情况:第一种情况是构建的模型差,导致现实数据不能拟合模型。第二种情况是模型构建得没有问题,但收集到的数据差,所以不能拟合模型。所以出现拟合指数表现差时,我们还要进一步确认,是模型的问题还是数据的问题。

第四节 结构方程模型的应用

一、结构方程模型发展的新趋势

结构方程模型新的发展趋势主要体现在以下 3 个方面。

第一个大的新方向是测量等同(Measurement Equivalence/Invariance,ME/I)概念的拓展与延伸。实际上,测量等同旨在探讨如何跨组比较结构方程模型中的各个参数值,如 λ、δ 或 τ。这种比较研究也可更深入地涉及不同组别之间均值结构模型的平均值的比较。

第二个大的新方向是所谓的潜增长模型。有许多研究是在观察研究对象随着时间轴的变化程度,如人们的认知和态度的发展与变化。比如,员工对公司的认知和观念会随着时间的流逝而发生变化。同样的,许多相似的概念和理论都是发展的,如上司与下属的关系、培训的效果等,在解决诸如此类的问题中潜在增长模型的应用给我们带来了很好的启示。

第三个大的新方向是多层次因子模型的进展。图 9.6 为一个多水平因子模型,它包括了 4 个样本,每个样本由 3 个题目来测量,这 4 个样本又同时属于一个大组别。这个例子充分说明了有时我们收集来的数据之间不是互相独立的,如虽然分为 4 个样本,但其实互相之间都存在着一定关系。因为它们同属于一个大组别,就会受同一个组长的影响。那么,这种情况在作分析时也必然会存在特别之处。在结构方程中,我们可将观察得来的变量之间的协方差矩阵拆成两个水平研究,即变量组间协方差矩阵(between-group covariance matrix)和变量组内协方差矩阵(within-group covariance matrix),从而可对组间和组内的模型进行分别测量,进一步便可比较这两个水平之间的异同。

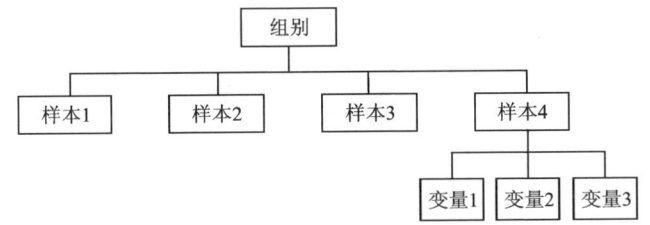

图 9.6 对水平因子模型路径图

二、结构方程模型应用的注意事项

第一,结构方程模型是一种因果关系的验证性技术而非探索性技术。即反映变量之间关系的模型的构建是依据理论来的,而不是依据数据的分析结果。切忌仅用结构方程模型用作全新量表的开发,也不应轻易根据修正指数调整模型。

第二,注意潜变量与观测变量之间的逻辑关系。为了准确测量潜变量,需要选择那些与潜变量高度相关且能够全面反映潜变量特征的观测变量。最好用理论来解释观测变量与潜变量之间的逻辑关系。

第三,规范模型指数报告。在报告模型指数时,应当将绝对拟合指数和相对拟合指数全面报告出来,不能因为某些指数没达到标准就不进行报告。

三、验证性因子分析

结构方程模型的一个重要应用是作验证性因子分析。图 9.2 就可以看作是一个一阶验证性因子分析的模型,也是主要通过模型拟合指数、参数是否显著、参数是否合理等来评判验证性因子分析的结果。

一阶验证性因子分析常用来验证简单概念/变量或量表的结构效度。如果要验证的概念/变量较复杂时,就会用到多阶验证性因子分析,其中二阶验证性因子分析是最常见的情况。二阶验证性因子分析的模型如图 9.7 所示。该模型用来验证社会利益补救概念,社会利益补救包含了及时补救、沟通、道歉和反馈 4 个维度,而每个维度都拥有 3 个观测变量进行测量。这里值得注意的是社会利益补救和其 4 个维度的箭头方向。

二阶验证性因子分析模型可以看作是一阶验证性因子分析模型的特例。研究者之所以会提出二阶验证性因子分析模型,是因为在一阶验证性因子分析模型中发现原先的一阶因子构念间有中高度的关联程度,且一阶验证性因子分析模型与样本数据可以适配,此时研究者可进一步假定几个一阶因子构念在测量

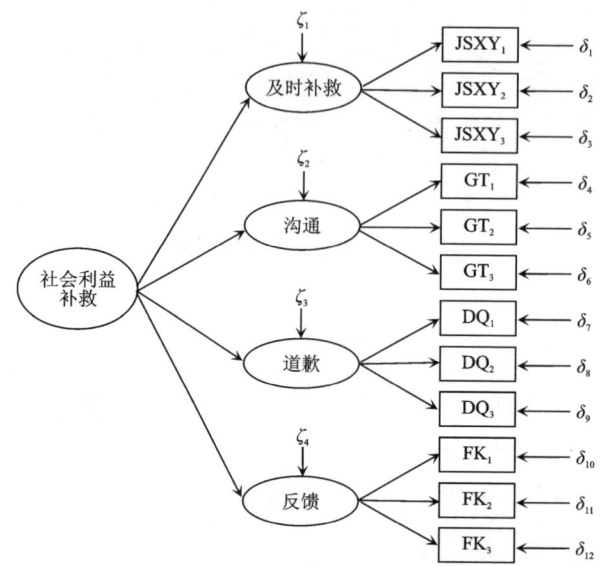

图 9.7 二阶验证性因子分析模型路径图

更高一阶的因子构念，即原先的一阶因子构念均受到一个较高阶潜在特质的影响。如图 9.7 的二阶验证性因子分析模型是可以看作对图 9.8 一阶验证性因子分析模型的替代。在实践中，如果一阶因子在 3 个及 3 个以上时，研究者们往往选择二阶验证性因子分析模型，而不是一阶验证性因子分析模型。

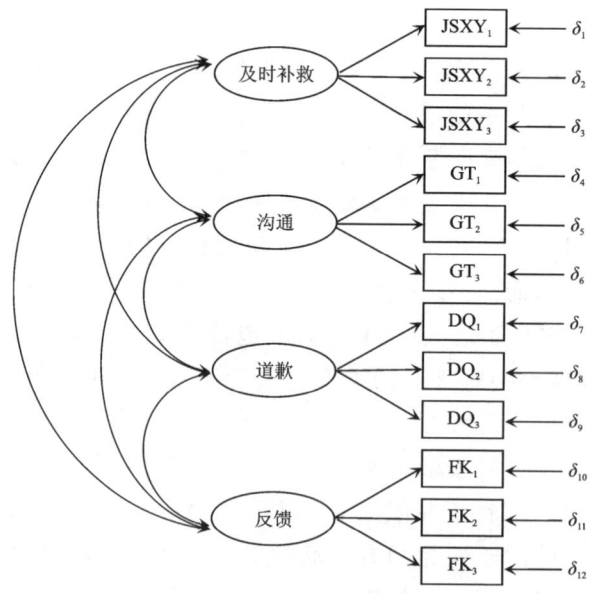

图 9.8 多个因子的一阶验证性因子分析模型

主要参考文献

陈晓萍,徐淑英,樊景立. 组织与管理研究的实证方法[M]. 北京:北京大学出版社,2010.

侯杰泰,温忠麟,成子娟. 结构方程模型及其应用[M]. 北京:教育科学出版社,2004.

黄芳铭. 结构方程模式理论与应用[M]. 北京:中国税务出版社,2002.

刘军. 管理研究方法原理与应用[M]. 北京:中国人民大学出版社,2019.

吴明隆. 结构方程模型——AMOS的操作与应用[M]. 2版. 重庆:重庆大学出版社,2010.

BOLLEN K. Structure Equations with Latent Variables[M]. New York, NY:John Wiley,1989.

CHEUNG G W,RENSVOLD R B. Evaluating Goodness-of-fit Indices for Testing Measurement Invariance[J]. Structural Equation Modeling Journal, 2002,9(2):233-255.

HU L T,BENTLER P M. Fit Indices in Covariance Structure Modeling: Sensitivity to Underparameterized Model Misspecification[J]. Psychological Methods,1999,3(4):424-453.

KAPLAN D. Structural Equation Modeling:Foundations and Extensions[M]. Thousand Oaks,CA:Sage,2000.

MARCOULIDES G A,SCHUMACKER R E. Advanced Structural Equation Modeling:Issues and Techniques[M]. Mahwah,NJ:Erlbaum,1996.

MARCOULIDES G A,SCHUMACKER R E. New Developments and Techniques in Structural Equation Modeling[M]. Hillsdale,NJ:Lawrence Erlbaum Associates,2001.

第十章 多层次理论模型

管理学的研究对象主要是企业组织，而企业组织是一个多层次的、层层相扣的系统结构。比如个人存在于团队之中，团队存在于部门之中，部门存在于公司之中，公司存在于产业之中，产业存在于一定的文化之中。个人、团队、公司、产业及文化特性在多重的层次中相互影响与结合，以创造产出。因此，研究者必须视企业组织为一个整合的系统。然而，传统的组织研究已将组织切割成个人、群体与组织层次，研究者不是倾向于强调宏观的观点就是微观的观点。微观的观点主要源于心理学，着眼于个人与行为的差异；而宏观的观点主要源于社会学，强调个人行为的集体或共同的反应。

如组织研究学者多年来所注意到的，只采用宏观的观点或只采用微观的观点无法精确、全面地解释组织行为。宏观的观点不重视个人之间的差异，且忽略个人的人格、情感、行为及互动可能提升到更高层次的现象的过程；反之，微观的观点不重视个人所存在的情境，可能忽略此情境对个人差异效果的限制。

在过去十年的组织研究中，多层次的观点逐渐发展成熟，确认了组织既是宏观亦是微观的观点，而且在综合方法上应该考虑两种情形：一是群体、组织及其他情境因素如何由上而下影响个体层次的结果变量，二是个人知觉、态度及行为由下而上以形成群体、次单位与组织的现象。到目前为止，许多组织学者对多层次整合方法的理论及方法论的发展已经有长足的贡献。

本章主要介绍多层次理论建立与统计方法上的一些重要元素，从简要介绍多层次模型的研究入手，结合单位层次构念与聚合议题相关内容，着重介绍多层次研究的统计分析方法，让读者们理解多层次理论模型的应用。

第一节 多层次理论

一、建立多层次理论的重要问题

Klein 和 Kozlowski(2000)对于多层次组织理论的建立提供了详尽的指导方针，并极力主张研究者在建立多层次理论时注意下列问题。

(1)什么是多层次理论的建立与研究应该要重视的？具体来说，什么是所欲研究的内生构念或因变量？因变量（而不是自变量）是用来驱动分析层次、选择自变量以及决定理论所欲解释的联结过程的。

(2)如何联结不同层次间的现象？理论必须解释较高层次的情境因素对较低层次的多层次理论模型的建立，及研究方法过程与结果的由上而下直接或调节的效果，或解释较低层次的构念如何由下而上形成较高层次的现象，又或者是两个皆解释。

(3)由上而下与由下而上的过程是从哪里开始，又在哪里结束？具体来说，什么才是模型中适当的构念分析层次？

(4)何时会发生由上而下与由下而上的过程？何时效果会显现？

(5)为什么这个模型要以多层次理论为基础？为何有些变量间的关系是由下而上或是由上而下？例如，为何模型中的某个变量是群体层次的变量而不是个人层次的变量？若视为群体层次的变量，我们需要作出什么样的假设？

一个多层次理论建立应该说明上述的问题，并且实现构念的理论层次、测量、研究设计与数据分析之间的一致。

二、多层次模型的类型

1. 跨层次直接作用模型（cross-level direct-effect models）

跨层次直接作用模型检测较低层次（如个人层次）的结果变量，较高层次（如单位层次）自变量的主效果，或同时分析较高层次与较低层次的主效果。例如，Siebert等(2004)发现团队层次的授权氛围与个人层次的心理授权相关，且心理授权中介于团队层次的授权氛围与个人层次的工作满意度及工作绩效。图10.1为跨层次直接作用模型。

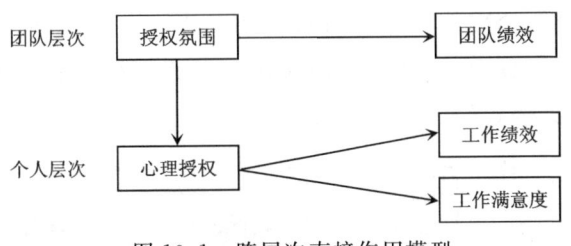

图10.1　跨层次直接作用模型

2. 跨层次调节模型（cross-level moderator models）

跨层次调节模型检测两个较低层次构念之间的关系如何被较高层次的构念所调节，或是检测较高层次的构念与较低层次的结果变量之间的关系，如何被另一个较低层次的构念所调节。例如，Hofmann等(2003)检验了团队层次的安全气候对个人层次的领导者部属交换与个人的安全公民角色定义之间关系的调节效果。图 10.2 为跨层次调节模型。

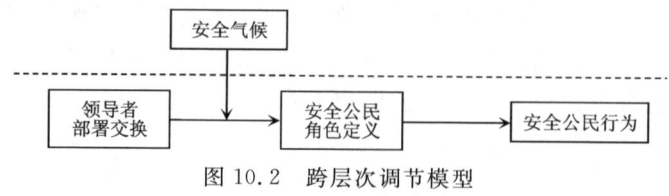

图 10.2　跨层次调节模型

3. 跨层次青蛙池塘模型（cross-level frog-pond models）

跨层次青蛙池塘模型说明较低层次的个人在较高层次中的相对位置，对较低层次的结果变量有何影响。同样的一只青蛙，假若池塘很大这只青蛙看起来可能会很小；若池塘很小，这只青蛙看起来就可能很大。例如，假设我们要检测薪资的高低与工作满意度之间的关系，个人的工作满意度可能就会取决于其相对于群体中同事的平均薪资水准。图 10.3 为此模型的概念化。其中，X_i 为个人薪资，$X_{\text{group mean}}$ 为群体平均薪资，Y_i 为个人工作满意度。

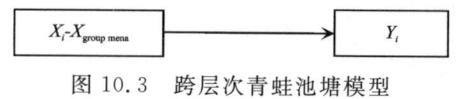

图 10.3　跨层次青蛙池塘模型

4. 一致的多层次模型（homologous multilevel models）

一致的多层次模型说明构念以及联结构念间的关系是可被概念化到不同组织的实体上的。在这种模型中，两个或两个以上变量之间的关系是可能同时存在于个人、群体及组织等多个层次中的。例如，Deshon 和 Kozlowski 等（2004）检验一个多重目标绩效模型在个人和团队层次上的一致性，结果发现 79% 的假设在个人与团队层次皆成立，支持他们所提出的关系可同存在于不同层次的多层次模型。图 10.4 为一致的多层次模型。

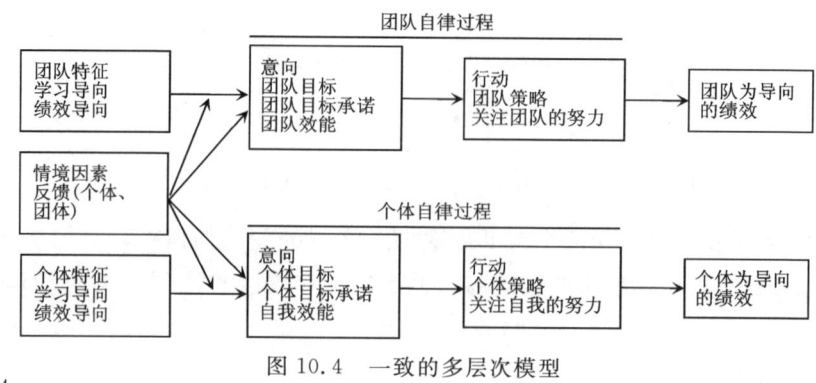

图 10.4　一致的多层次模型

5. 复合原因模型(mixed determinants models)

复合原因模型探究的是较高层次的自变量与较低层次的自变量一起共同影响了较低层次的因变量。例如,公司的奖惩计划(企业层次)和员工个性(个人层次)共同影响了员工的工作表现。图 10.5 为复合原因模型。

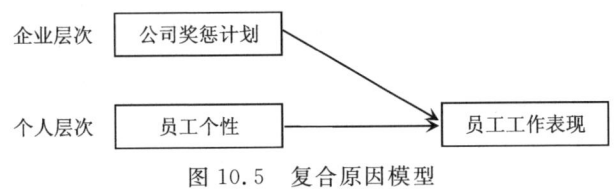

图 10.5　复合原因模型

6. 复合效应模型(mixed effects models)

复合效应模型探究的是同一个较高层次的自变量可以用来解释几个不同层次的因变量的差异。例如,企业现有的鼓励创新行为体系,可能对企业层次、团队层次和员工个人层次的绩效均产生影响,但其强度或方向可能不尽相同。图 10.6 为复合效应模型。这种情况下,复合效应模型有利于同一自变量对各个不同层次因变量的影响的相似或不同处作比较。

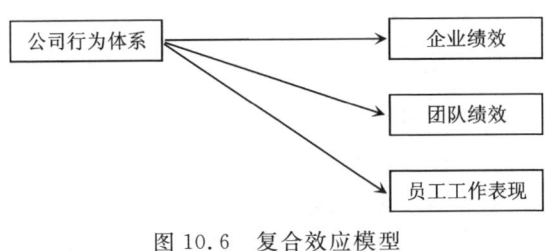

图 10.6　复合效应模型

第二节　单位层次构念的数据聚合

一、单位层次构念的类型

多层次模型中常包含个体层次与单位层次的构念。例如个体的认知、人格、情感与行为是典型的个人层次的构念,而企业文化、团队绩效与团队目标是典型的单位层次的构念。个人层次的构念是以个人层次来衡量的,操作比较简单。但单位层次构念的操作就比较复杂。单位层次构念的类型可分为三类:共享单位构念、总体单位构念和生成单位构念。

1. 共享单位构念

共享单位构念源于组织内单位成员的经验、态度、知觉、价值观、认知及行为等,且被假定在社会化及其他心路历程的作用下,会体现为一个单位层次的构念。例如,组织气候就是组织成员共享组织内的惯例、政策及程序等。所以,操作此构念的关键在于将相同单位内的个别成员的回答分数计算为单位平均数,以聚合为单位层次,而聚合的方法需要理论与实证的支持。在理论上,研究者须说明单位内回答的一致度和一致性如何从个别层次的特征浮现而来;而在实证上,研究者需证明达到聚合的统计前提。此外,为了操作共享单位构念,研究者需要取得一个具有代表性的样本,以取得构念的相关信息。

2. 总体单位构念

总体单位构念相对而言是客观的、描述性的、易于观察到的单位特征。总体单位构念直接源于单位层次,而非个人层次。例如,公司的"年龄"、规模大小、位置、策略。总体单位构念决定于单位的结构或功能,而非决定于个别成员的知觉、经验、态度等。而操作总体单位特性的关键在于尽可能地取得精确的信息或档案数据。

3. 生成单位构念

生成单位构念是指在单位中个人特征的形态或配置情形。生成单位构念是源于个人层次,然而并不假设单位成员之间会趋于一致。例如,年龄多样化与性别多样化是两个形态单位的构念,且分别描述了单位成员的年龄与性别的分布,成员间不必有相同的年龄或性别。理想情况下,研究者在操作生成单位构念时,必须向单位中的所有成员取得构念的信息(如年龄),若无法达到理想的回答率,研究者必须证明回答的样本具有足够的代表性。此外,研究者不必评估个别成员之间的一致性,因为生成单位构念的分数可由个别成员分数的最小值、最大值、方差或标准差等数值来计算。有两种类型的生成单位构念:描述性构念和潜在构念。描述性的生成构念是那些外显的、可观察到的特征(如集体的性别多样性);而潜在的生成构念则是指那些假设的、无法观察到的集体特征(如集体的价值观念)。

二、单位层次构念的聚合方法

学者们总结了五种个体层次上的变量如何构成单位层次上的变量的方法,分别是相加模型、直接一致模型、参照点转换模型、分散模型和过程模型。

在相加模型中,集体结构代表了个体元素之和或平均数,而不管个体之间有什么差异。因此,研究者可以直接确认和测量单位层次构念。但是,测量是由不同个体的知觉组成的,因此研究者主要是要获得一个可信的单位层次构念的估计值,而个体知觉的一致性程度仅仅代表了评价的可信度。

直接一致模型取决于组内的一致性,因为只有存在一致性,单位层次构念才会存在。比如,以组织气氛为例,尽管个体会产生对工作环境的心理解释,但这些知觉如果不被共享和认可的话也不会成为组织气氛,所以这时应该计算组内一致性以便验证组织气氛的存在。

参照点转换模型与直接一致模型非常相似,区别是参照点由个体转换到团体。例如测量效能时,项目有两种形式:一是"我相信我能完成任务",二是"我相信我们团队能完成任务",它们的区别是参照点变化。这两种形式将产生两个不同的构念:前者是个体层次上的自我效能,后者是单位层次上的团体效能。

分散模型关注的是构念在集体内的分散性程度。例如,在组织气氛的研究中,气氛强度就是一个由个体心理气氛通过分散程度而形成的构念,也就是计算组内一致性。一致性高说明组织气氛的强度强,反之则说明组织气氛强度弱。

过程模型的重点是通过描绘构念在不同层次上的组织情况,以便探讨单位层次构念的动态性和交互作用特性。为了构建过程模型,研究者一般先在个体层次上研究构念的功能以确定在单位层次上相应的功能,从而提出理论来描述不同层次上的构念结构。例如,Walsh 和 Ungson(1991)通过个体记忆的对比描绘了组织记忆的结构,个体记忆是由信息获得、储存和回忆构成的,单位层次上组织记忆也包括与之相似的信息系统和程序。

三、聚合的统计验证方法

在将个人的回答聚合到单位层次之前,研究者必须确认聚合有理论与实证的支持。在实证的验证中,我们介绍3个在多层次研究中常见的指标:组内一致性(r_{wg})、组内相关(1)[intra class correlation (1),ICC(1)]和组内相关(2)[intra class correlation (2),ICC(2)]。这3个指标的计算方法如表10.1所示。

表 10.1 3 个指标的计算方法

测量指标	公式	意义
r_{wg}	单一项目量表:$r_{wg(1)} = 1 - (s_x^2 / \sigma_{eu}^2)$ 多项目量表:$r_{wg(j)} = J[1 - (ms_{xj}^2 / \sigma_{eu}^2)] / \{J[1 - ((ms_{xj}^2 / \sigma_{eu}^2)] + (ms_{xj}^2 / \sigma_{eu}^2)\}$	s_x^2是指观察到的x的方差,σ_{eu}^2是假设只存在随机误差的期望方差,ms_{xj}^2是指在j个问项上所观察到的方差的平均数,J指项目数量

续表 10.1

测量指标	公式	意义
ICC(1)	ICC(1)=MSB/(MSB+MSW)	MSB 是组间方差，MSW 是组内方差
ICC(2)	ICC(2)=k(ICC(1))/[1+(k-1)ICC(1)]	k 指组的样本数

这些指标的几个特点具有很重要的理论和实践意义。r_{wg} 用来评价组内一致性，在计算的时候不会涉及组间差异。一般来讲，研究者计算每个团体的 r_{wg} 值并报告他们研究样本的 r_{wg} 值的平均数或中位数，而其他指标都是对组内差异和组间差异的比较(表 10.2)。

表 10.2　3 个指标的比较

问题	r_{wg}	ICC(1)	ICC(2)
评价的是组内变异还是组间变异	组内	组间	组间
决定数据是否进行聚合的分界线是多少	经验是>0.70	经验是>0.05	经验是>0.50
是否受团体样本大小的影响	否	否	是

对于总体单位构念来讲，关键是个体的平均评价是否是可信的，即是否真实地反映了所研究结构的层次。而平均数的可信度不仅取决于评价的一致性，也取决于评价的人数，因此 1CC(2) 比较合适。只有个体评价的平均数是可信的，那么才可以用平均值对它与其他高层次结构之间的关系进行验证。

对于共享单位构念而言，只有个体的评价存在一致性，高层次的共享结构才存在，James 等(1993)认为，r_{wg} 不涉及组间差异，直接对组内一致性进行检验。而 Yammarino 和 Markham(1992)却认为，组间方差也是论证高层次结构有效性的必要条件，组内和组间方差都是需要的。Hofmann(2002)的建议是这几种指标用得越多说服力越大，但还是应该根据理论和数据来确定采用哪个指标，因为这两类指标都各有优势和劣势。

对于生成单位构念而言，Lindell 和 Brandt(1999)描述性生成构念还是采用 r_{wg} 等论证一致性的指标较好。而对于潜在的生成构念而言，它主要是为了解决不同层次上结构的功能和组织的关系问题，因此单从统计的角度看，不需要统计的指标来论证(Hofmann, 2002)。

第三节　多层次研究的统计分析方法

在分析多层次研究的数据时，研究者通常用组内组间分析(within and

between analysis，WABA)、多层线性模型(hierarchical linear modeling，HLM)和跨层面运算分析(cross-level operator analysis，CLOP)三种分析方法。

组内组间分析(WABA)的基础是把整个相关分为组内和组间两部分。组内组间分析实际上包括两部分：WABA Ⅰ 和 WABA Ⅱ。WABA Ⅰ 是比较组内和组间的值，从而判定一个变量的方差主要来自组内、组间还是二者都有；而 WABA Ⅱ 是要判断两个变量的协方差是主要来自组内还是组间，从而对两个变量之间的关系作出判断。

多层线性模型(HLM)与组内组间分析(WABA)的最大区别是：组内组间分析(WABA)的目的是帮助研究者确定某个变量或某组变量存在什么层次上，而多层线性模型(HLM)是以这些为前提假设的。简单来讲，多层线性模型(HLM)不能帮助研究者判断变量应该在什么层次上，它的主要目的是用来计算不同层次上的不同变量之间的关系(以回归系数和斜率来表示)。但是多层线性模型(HLM)的要求比较高，它需要样本量足够大、回归方程界定清晰、变量的测量信度高。

跨层面运算分析(CLOP)是对传统的方差分析、回归分析功能的新的挖掘。它基本的假设是个体嵌套在不同的情景中，高层次的结构就是个体变量的情景。其基本任务是实现跨层面推论，也就是探讨情景(高层次结构或变量)的变异怎样与个体变异相关，即探讨高层次结构对低层次变量的影响。三种统计分析方法的比较如表10.3所示。

表10.3 多层次研究的统计分析方法比较

问题	组内组间分析 (WABA)	多层线性模型 (HLM)	跨层面运算分析 (CLOP)
是否可以判断变量应该在哪个层次上进行分析	是	否	否
是否可以检验多层次模型	是，设计的	是，但不是设计的	是，但不是设计的
是否可以检验跨层次直接效应模型	否	是	是
是否可以检验跨层次调节作用模型	是，但不是设计的	是	是
在哪个层次上分析跨层次模型中单位层次预测变量的作用	不适合	团体层次	个体层次

总体看来,组内组间分析(WABA)和跨层面运算分析(CLOP)是互补的,两种分析方法都强调组内和组间的回归系数。多层线性模型(HLM)是一个功能强大而复杂的新的分析方法,如果条件满足的话,它是最有效的分析方法,可以给出更有效的指标和更准确的误差估计。

第四节 多层线性模型(HLM)

多层线性模型(HLM)是研究者经常用来分析跨层次模型的统计分析程序。国外众多学者也对多层线性模型(HLM)作过清晰的介绍,如 Bryk 和 Raudenbush(1992)、Holmann(1997)、Holmann 和 Gavin(1998)、Holmann 等(2000)等。在此,我们仅对 HLM 作简要的讨论。

一、多层线性模型的基本原理

在使用多层线性模型时,自变量可能来自较低层次的构念,例如个人层次;或是较高层次的构念,例如群体层次。多层线性模型采用"回归的回归"的运算原理,对不同层次变量产生的效应进行分离。首先对较低层次的变量(level-1 变量)进行回归,保存回归系数;接着将这些统计量与较高层次的变量(level-2 变量)混合在一起进行回归分析。这些不同层次变量之间的关系可由以下的模型求得:

Level-1 Model: $Y_{ij} = \beta_{0j} + \beta_{1j} X_{ij} + r_{ij}$

Level-2 Model: $\beta_{0j} = \gamma_{00} + \gamma_{01} G_j + U_{0j}$

$\beta_{1j} = \gamma_{10} + \gamma_{11} G_j + U_{1j}$

Y_{ij} 是指个人 i 在 j 群体中的结果变量,X_{ij} 是指个人 i 在 j 群体中的预测因子之值,β_{0j} 与 β_{1j} 则是每个 j 群体分别被估计出的截距项与斜率,r_{ij} 为残差项。G_j 是指群体层次的变量,γ_{00} 与 γ_{10} 为 Level-2 截距项,γ_{01} 与 γ_{11} 则是联结 G_j 与 Level-1 公式中的截距项与斜率项之斜率,U_{0j} 与 U_{1j} 为 Level-2 的残差项。因此,在 Level-1 Model 中,可检验出 Level-1 变量和 Level-1 变量之间的关系,而在 Level-2 Model 中,可检验出 Level-2 变量和 Level-1 变量间的关系,以及 Level-2 变量如何干扰两个 Level-1 变量间的关系。

二、多层线性模型分析的例子

我们以 Liao 和 Chuang(2004)中使用的多层线性模型(HLM)为例说明多层

线性模型(HLM)的操作步骤。如服务业中顾客的满意度与组织的绩效息息相关,而员工在服务过程中与顾客的互动会影响顾客所感受到的服务品质,因此有必要进一步探究什么原因会影响员工的服务绩效,从而提升组织绩效与顾客满意度。Liao和Chuang(2004)建立了一个多层次研究框架,来验证个人层次的因子与商店层次的因子对员工服务绩效的影响,以及群体层次的因子如何干扰个人层次的因子与员工服务绩效之间的关系,图10.7为研究框架。

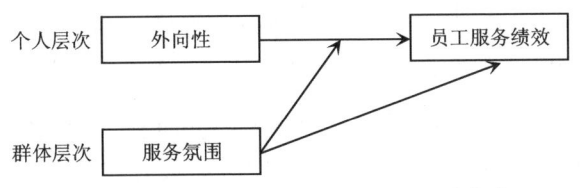

图 10.7　Liao 和 Chuang(2004)的研究框架

根据图10.7,员工服务绩效为个人层次的服务绩效。员工的服务绩效取决于员工的个人差异(个人层次)与情景因子(群体层次)。个人层次的因子为外向性,而群体层次的因子为服务氛围。Liao和Chuang(2004)提出了3个假设。

假设1:个人层次的外向性与员工的服务绩效呈正相关。

假设2:群体层次的服务氛围与员工的服务绩效呈正相关。

假设3:群体层次的服务氛围调节外向性与员工服务绩效之间的关系,以至于越正面的服务氛围,越会降低其正向的相关性。

Liao和Chuang(2004)使用的数据为美国中西部25家连锁餐厅搜集到的257位员工的样本,使用的分析模型为多层线性模型(HLM)。该模型的分析步骤如下。

Step Ⅰ:零模型

假设个人层次的员工服务绩效可由个人层次与群体层次的变量来预测,所以必须显示出服务绩效在个人层次与群体层次上皆有变异存在。因此,第一个步骤要使用方差分析,将服务绩效的方差分成组内与组间方差。在此使用的多层线性模型(HLM)估计的零模型是没有预测因子的,其模型如下。

Level-1 Model:服务绩效$_{ij} = \beta_{0j} + r_{ij}$

Level-2 Model:$\beta_{0j} = \gamma_{00} + U_{0j}$

在上述模型中,β_{0j}为第j个群体的服务绩效平均数;γ_{00}为服务绩效的总平均数;r_{ij}的方差σ^2为服务绩效的组内方差;U_{0j}的方差τ_{00}为服务绩效的组间方差。

由于服务绩效的总方差 $=\sigma^2+\tau_{00}$，我们可依次计算出 ICC（1），即服务绩效组间方差的百分比，其公式如下：

$$ICC(1) = \tau_{00} / (\sigma^2 + \tau_{00})$$

此步骤分析结果为 $\tau_{00}=0.35$，且卡方检验的结果表明组间方差是显著的：$\chi^2(24)=58.45, p<0.001$。此外，$\sigma^2=2.52$，故 ICC（1）$=0.12$，表示员工服务绩效的方差有 12% 是来于组间方差，而 88% 是来于组内方差。由于服务绩效具有显著的组间方差，接下来便可进行假设检验。

Step Ⅱ：检验假设 1 或 Level-1 的主效果

为了检验假设 1，将外向性加入 Level-1，并估计以下的模型。

Level-1 Model：服务绩效$_{ij}=\beta_{0j}+\beta_{1j}$（外向性$_{ij}$）$+r_{ij}$

Level-2 Model：$\beta_{0j}=\gamma_{00}+U_{0j}$

$\beta_{1j}=\gamma_{10}+U_{1j}$

在上述模型中，γ_{00} 为跨群体截距项的平均数；γ_{10} 为跨群体斜率的平均数（用来检验假设 1）；r_{ij} 的方差 σ^2 为 Level-1 残差的方差；U_{0j} 的方差 τ_{00} 为截距的方差；U_{1j} 的方差 τ_{11} 为斜率的方差。

在上述模型中，γ_{00} 与 γ_{10} 分别代表 Level-1 的系数（即 β_{0j} 与 β_{1j}）跨群体的平均数。其中，γ_{10} 是表示外向性与服务绩效跨群体的关系，因此可用来检验假设 1。另外，多层线性模型（HLM）也对 γ_{00} 与 γ_{10} 进行 t 检验，如此便可检测这两个参数的统计显著性。此步骤的分析结果为 $\gamma_{10}=0.58$，t-value$(24)=43.68$，$p<0.001$，因此，假设 1 得到支持。

在 Level-1 的模型中，可通过加入外向性后组内方差减少的程度来计算 R^2。换言之，我们可计算出零模型中的组内方差有多少（百分比）可被外向性解释，公式如下：

R^2 for Level-1 model $=$（σ^2 from Step Ⅰ $-\sigma^2$ from Step Ⅱ）/ σ^2 from Step Ⅰ

在这个例子中，Level-1 模型的 $R^2=(2.52-2.23)/2.52=0.12$，表示服务绩效的组内方差有 12% 可被外向性解释。

此外，在加入外向性后，$\tau_{00}=4.52$，卡方检验的结果显示此组间方差显著：$\chi^2(24)=33.24, p<0.10$，表示在 Level-2 模型中有可能存在群体层次的因子。因此，我们接下来检验假设 2。

Step Ⅲ：检验 Level-2 的主效果

为了检验假设 2，将服务氛围加入 Level-2，并估计以下以截距作为结果变量的模型。

Level-1 Model：服务绩效$_{ij}=\beta_{0j}+\beta_{1j}$(外向性$_{ij}$)$+r_{ij}$
Level-2 Model：$\beta_{0j}=\gamma_{00}+\gamma_{01}$(服务氛围$_j$)$+U_{0j}$
$\beta_{1j}=\gamma_{10}+U_{1j}$

在上述模型中，γ_{00}为 Level-2 的截距项；γ_{01}为加入外向性后，服务氛围对服务绩效的影响效果（用来检验假设 2）；γ_{10}为外向性对服务绩效的影响效果（用来检验假设 1）；r_{ij}的方差σ^2为 Level-1 残差的方差；U_{0j}的方差τ_{00}为截距残差的方差；U_{1j}的方差τ_{11}为斜率的方差。

上述模型中，γ_{01}表示控制了 Level-1 的外向性后，服务氛围与员工服务绩效之间关系的估计数，对γ_{01}进行 t 检验可用来检验假设 2。此步骤的分析结果显示：$\gamma_{01}=0.74$，t-value (23)$=0.74$，$p=0.012$。因此，假设 2 得到支持。

同 Step Ⅱ，可以计算有多少（百分比）服务绩效组间方差可以被服务氛围解释，公式如下：

$$R^2 \text{ for Level-2 main effect model} = (\tau_{00} \text{ from Step Ⅱ} - \tau_{00} \text{ from Step Ⅲ})/\tau_{00} \text{ from Step Ⅱ}$$
$$=(4.52-4.09)/4.52$$
$$=0.10$$

结果显示，有 10％的服务绩效组间方差可以被服务氛围解释。

此外，HLM 也估计了斜率（τ_{11}）的方差，并以卡方检验来检测此方差的显著性。结果显示：$\tau_{11}=0.19$，$\chi^2(24)=22.23$，$p>0.10$，表示外向性与员工服务绩效之间的关系在各群体间没有显著的变异。换言之，假设 3 将无法得到支持。因为检定假设 3 的前提是斜率的方差要显著。然而，为了便于示范，仍需进行调节效果的检验。

Step Ⅳ：检验假设 3 或调节效果

一般来说，为了检验 Level-1 变量与 Level-2 变量的交互作用，可以估计一个斜率作为结果变量的模型。换言之，可以将 Level-2 的变量作为斜率系数（β_{1j}）的预测因子，以得知 Level-2 的变量是否可以解释斜率的变异。其模型如下：

Level-1 Model：服务绩效$_{ij}=\beta_{0j}+\beta_{1j}$(外向性$_{ij}$)$+r_{ij}$
Level-2 Model：$\beta_{0j}=\gamma_{00}+\gamma_{01}$(服务氛围$_j$)$+U_{0j}$
$\beta_{1j}=\gamma_{10}+\gamma_{11}$(服务氛围$_j$)$+U_{1j}$

在上述模型中，γ_{00}为 Level-2 的截距项（以 Level-1 Model 的截距为因变量）；γ_{01}为 Level-2 的斜率；γ_{10}为 Level-2 的截距项（以 Level-1 Model 的斜率为因变量）；γ_{11}为 Level-2 的斜率，即服务氛围对外向性与员工服务绩效关系的调节

效果(用来检测假设 3);r_{ij} 的方差 σ^2 为 Level-1 残差的方差;U_{0j} 的方差 τ_{00} 为截距残差的方差;U_{1j} 的方差 τ_{11} 为斜率残差的方差。

假设 3 是预测服务氛围与外向性之间有负向的交互作用,以至于当存在高程度的服务氛围时,外向性与员工服务绩效之间的正向相关会降低。上述模型中,γ_{11} 是表示服务氛围与外向性之间交互作用项的估计数,对 γ_{11} 进行 t 检验可用来检测假设 3。此步骤的分析结果显示:$\gamma_{11}=-0.25$,$t\text{-value}(23)=-0.864$,$p>0.10$,虽然交互作用的效果与假设 3 预测的方向一致,但统计上不显著。因此,假设 3 未得到支持。

假若要计算斜率方差被服务氛围解释的程度,可以比较 Step Ⅳ 与 Step Ⅲ 的斜率残差方差,公式如下:

$$R^2 \text{ for Level-2 moderating model} = (\tau_{11} \text{ from Step Ⅲ} - \tau_{11} \text{ from Step Ⅳ}) / \tau_{11} \text{ from Step Ⅲ}$$
$$= (0.19 - 0.19) / 0.19$$
$$= 0$$

结果显示,调节效果的 R^2 为 0,因为交互作用的效果不显著。

总之,多层线性模型(HLM)的分析结果(表 10.4)为假设 1 与假设 2 成立,假设 3 不成立。

表 10.4 Liao 和 Chuang(2004)研究的多层次线性模型(HLM)的分析结果

变数		Step Ⅰ	Stap Ⅱ	Step Ⅲ	Step Ⅳ
Level-1 预测因子	截距项(γ_{00})	9.33**	7.32**	4.86**	1.77
	外向性(γ_{10})		0.58**	0.59**	1.40
Level-2 预测因子	服务氛围(γ_{01})			0.74*	1.68
交互项	外向性×服务氛围(γ_{11})				-0.25
方差	σ^2	2.52	2.23	2.22	2.23
	τ_{00}	0.35**	4.52+	4.09+	4.22
	τ_{11}		0.20	0.19	0.19
R^2	$R^2_{\text{level-1}}$		0.12		
	$R^2_{\text{level-2 截距式}}$			0.10	
	$R^2_{\text{level-2 交互作用效果}}$				0

注:"+"表示 $p<0.01$;"*"表示 $p<0.05$;"**"表示 $p<0.01$。

主要参考文献

陈晓萍,徐淑英,樊景立. 组织与管理研究的实证方法[M]. 北京:北京大学出版社,2010.

刘军. 管理研究方法原理与应用[M]. 北京:中国人民大学出版社,2019.

杨杜. 管理学研究方法[M]. 大连:东北财经大学出版社,2019.

BRYK A S,RAUDENBUSH S W. Hierarchical Linear Models:Applications and Data Analysis Methods[M]. California:Sage Publication,1992.

DESHON R P,KOZLOWSKI S W,Schmidt A M,et al. A Multiple-goal, Multilevel Model of Feedback Effects on the Regulation of Individual and Team Performance[J]. Journal of Applied Psychology. 2004,89(6):1035-1056.

HOFMANN D A,MORGESON F P,GERRAS S J. Climate as a Moderator of the Relationship between Leader-member Exchange and Content Specific Citizenship:Safety Climate as an Exemplar[J]. Journal of Applied Psychology, 2003,88(1):170-178.

HOFMANN D A. Issues in Multilevel Research:Theory Development, Measurement,and Analysis[M]// ROGELBERG S G,Handbook of Research Methods in Industrial and Organizational Psychology. Malden:Blackwell Publishers. 2002.

HOLMANN D A,GAVIN M B. Centering Decisions in Hierarchical Linear Models:Implications for Research in Organizations[J]. Journal of Management, 1998,24(5):623-641.

HOLMANN D A, GRIFFIN M A, GAVIN M B. The Application of Hierarchical Linear Modeling to Organizational Research[M]// KLEIN K J, KOZLOWSKI S W J. Multilevel Theory, Research, and Methods in Organizations:Foundations, Extensions, and New Directions. San Francisco: Jossey-Bass. 2000.

HOLMANN D A. An Overview of the Logic and Rationale of Hierarchical Linear Models[J]. Journal of Management,1997,23(6):723-744.

JAMES L R,DEMAREE R G,WOLF G. rwg:An Assessment of Within Group Interrater Agreement[J]. Journal of Applied Psychology,1993,78(2):

306-309.

KLEIN K J, KOZLOWSKI S W J. Multilevel Theory, Research, and Methods in Organizations: Foundations, Extensions, and New Directions[M]. San Francisco: Jossey-Bass, 2000.

LIAO H, CHUANG A A. Multilevel Investigation of Factors Influencing Employee Service Performance and Customer Outcomes[J]. Academy of Management Journal, 2004, 47(1): 41-58.

LINDELL M K, BRANDT C J. Assessing Interater Agreement on the Job Relevance of a Test: A Comparison of CVI, rwg(j), and Indexes[J]. Journal of Applied Psychology, 1999, 84(4): 640-647.

LINDELL M K, BRANDT C J. Climate Quality and Climate Consensus as Mediators of the Relationship between Organizational Antecedents and Outcomes[J]. Journal of Applied Psychology, 2000, 85(3): 331-348.

SIEBERT S E, SILVER S R, RANDOLPH W A. Taking Empowerment to the Next Level: A Multiple-level Model of Empowerment, Performance, and Satisfaction[J]. Academy of Management Journal, 2004, 47(3): 332-349.

WALSH J P, UNGSON G R. Organizational Memory[J]. Academy of Management Review, 1991, 16(1): 57-91.

YAMMARINO F J, MARKHAM S E. On the Application of Within and between Analysis: Are Absence and Affect Really Group-based Phenomena? [J]. Journal of Applied Psychology, 1992, 77(2): 168-176.

第四部分
研究论文的撰写与发表

第十一章 实证论文的写作

每一个研究完成之后,研究者要将研究结果整理成论文并将其发表。论文发表的第一步是论文的撰写。论文质量越高,论文发表到高等级期刊的可能性越大。论文写作和发表是研究过程的最后一步。而对于大多数研究者来说,论文写作是整个研究过程中最困难的。因为写作要以连贯的方式告诉读者研究内容、研究方法和研究结果。本章将以实证论文为例讲解管理学论文的写作。

第一节 管理学实证论文的结构

管理学实证论文结构包括9部分。

(1)摘要。摘要是对整个论文的简要概括,一般300~500字,简明扼要地写明研究目的、方法、结果和结论。

(2)引言。也称为序言或绪论。引言主要阐述论文的研究目的(包括研究背景)和研究的问题。也可阐述该研究做出的贡献以及后文的安排和布局等。

(3)文献综述。文献综述是对前人在相关研究主题上所做的研究进行概括和评述。主要阐述前人在该主题上做了什么研究,得到什么结果,有什么研究不足,对本论文有什么启示。文献回顾并不是研究者对其他研究者的观点进行复制、粘贴,而是经过研究者归纳整理后形成的有关研究议题的创造性的叙述。

(4)理论基础和假设推演。这部分主要阐述论文的理论基础是什么,以及在理论基础上怎样推导出研究假设。通过引用前人的研究来表明本论文的研究假设的提出是有依据的。

(5)研究方法。这部分主要阐述研究方法,包括具体的数据收集过程、样本抽样过程和样本特征。

(6)测量。这部分主要阐述数据是如何获取的,变量是如何测量的。如果用的是问卷调查,则要阐述清楚量表的来源,量表信度和效度的检验。

(7)结果。这部分主要阐述研究假设的验证过程,通过数据分析得出什么样的研究结果。这部分需要首先通过信效度分析、共同方法偏差等判断数据质量,然后在此基础上采用合适的统计分析方法对论文的假设进行验证,并得出结果。

(8)讨论和结论。这部分是对研究结果的提炼和升华。包括对研究结果、研究意义、相关政策建议、研究的局限性和未来研究方向等进行探讨。

(9)参考文献。这部分要列出所有在论文正文中引用的他人的研究。

第二节 引言的撰写

一、引言的作用

引言统领整篇文章,为读者提供理解论文的思路框架。引言的作用体现在以下3个方面。

(1)研究主题存在的必要性。即阐明研究的必要性和研究的意义。

(2)研究主题的过程中尚未解决的问题以及问题的重要性。即阐明研究主题,相同的研究主题,前人的研究存在什么缺陷,本研究将如何进行研究。

(3)作者的研究有哪些贡献。比如,此研究主题弥补了某研究领域的空白等。

简单地说,引言主要是阐述研究主题以及研究主题的重要性。

二、引言包含的内容

引言是文章正文的第一部分,是文章呈现给读者的第一印象,在吸引读者注意力方面发挥了非常大的作用。引言部分的写作非常重要。其内容包含以下四个方面。

(1)设置引人入胜的引子。这主要是为了激发读者的好奇心。设置引人入胜的方式有引述和突出主流趋势两种。引述主要是通过引用名人名言或者故事或其他夺人眼球的标题等来吸引读者的注意力。突出主流趋势主要是描述近年来管理实践中发生的未被有效解释的新变化、新现象等吸引读者的注意。

(2)识别研究缺口,提出研究问题。设置好引子后,揭示研究缺口,提出研究问题。这是撰写文章最重要的一步。

(3)说明研究方法和研究结果。这部分一般以"本文的目的是……""本文旨在通过……"为开头,说明研究目标以及研究方法。

(4)撰写研究贡献。在引言中需要提供研究重要贡献的"预览"。在引言中说明贡献时,不要使用很长的篇幅说明,要简要阐述最重要的贡献。研究贡献主要在正文的"讨论"部分进行详细阐述,不必在引言中花费太多的篇幅。

引言一般使用 3~4 段文字将上述 4 个方面的内容阐述清楚即可。篇幅不宜过长,引言的字数占论文总字数的 10%。

三、引言中常见的错误

(1)没有引发读者的阅读动力。一般常见于作者没有较好地识别研究缺口,或者阐述研究缺口过程中太过生硬。或者引子设置得不好。

(2)引言缺乏重心。明显的表现:引言篇幅过长,在引言中塞入过多的研究内容,在定位研究问题时过于拖沓,读者在阅读过程中难以发现文章的研究目标等。我们应当记住,引言的重心在于发现研究缺口并提出研究问题,引言要围绕这一重心来展开。

(3)过度承诺。过度承诺是指作者在引言中设置了过高的期望,而研究内容未能达到这些期望。比如,过度拔高论文的贡献等。这种过度承诺容易引起读者的反感。

第三节 文献综述的撰写

一、文献综述的类型

常见的文献综述有以下四种类型。

(1)背景回顾。这类文献综述回顾的是研究的问题提出的学科是什么、研究范围和研究内容,以及研究的时代背景。简单地说,这类文献综述主要介绍研究问题的来源演变和发展。

(2)历史回顾。这类文献综述回顾的是历年来学者们对研究问题都做了哪些研究,取得了什么样的结果,有哪些研究缺陷等。这类文献综述往往会按时间顺序进行回顾。这类文献综述是最常见的文献综述。

(3)理论回顾。这类文献综述是回顾该研究问题的不同解释理论,这是针对那些有不同的理论来解释研究问题的,特别是有相互矛盾的理论解释时。另外,当复杂的模型涉及很多理论的时候也会进行理论回顾。

(4)方法论回顾。这类文献综述是回顾针对该研究问题不同的方法在使用上的不同之处。这类文献综述是特别针对使用新方法或不同于其他学者的研究方法时使用。

二、文献综述的目的

(1)促进对研究领域成果的全局性把握。通过详细地、全面地文献检索和阅读能够帮助研究者对所关注的研究领域拥有一个全局性的把握,能够为研究者系统梳理研究发展脉络、研究进展方向、最新成果状况等。

(2)厘清以往研究的不足和局限。文献综述可以帮助研究者发现该领域当前研究的局限性以及研究的空白。内容上,文献综述可以帮助研究者判断哪些研究议题需要进一步深化与延伸,哪些议题的研究已经趋于成熟。方法上,文献综述可以帮助研究者辨析各种研究方法的局限性,帮助研究者更好地对研究方法进行修正和补充。理论上,文献综述可以帮助研究者进一步明晰前人理论运用中的矛盾之处,确定理论的适用条件和边界。

文献综述的第二个目的是我们进行文献综述的重点。因为找到以往研究的不足和局限,才能引出我们研究的问题。我们的研究正是在弥补前人研究的不足下开展的。

三、文献综述过程

1. 进行文献收集

文献收集是指浏览可能与研究课题相关的数据和资料。从量的方面看,文献收集要尽可能完善,不要漏掉任何一个重要的研究成果。文献数量上的丰富是写好文献综述的基础。从质的方面看,只有对高质量的文章进行综述才能保障文献综述的可说服性。也就是说,文献收集过程中最重要的两点就是如何广泛搜罗到所需文献和如何进行文献质量判断。

在收集文献时,主要有两个途径。一是通过高校的移动图书馆。大多数高校都会购买各个学科的数据库,里面收藏了众多相关学科领域的文献资料。对管理学而言,可以通过 Scopus、Web of Science、Elsevier Science Direct、Springer Link、Wiley、知网、万方等数据库进行检索搜寻。二是借助于谷歌学术、百度学术等进行文献的收集。

如何判断文献质量,主要有三类方法。一是通过文章发表的期刊的质量来进行判断。一般来说,发表在高质量期刊上的文章往往质量也会比较高。我们可以通过期刊排名(如 Journal Citation Reports 分区、北大核心、南大核心等)、期刊的影响因子等来判断期刊的质量。二是通过文章的引用率等客观指标对其质量进行判断。引用率代表了文章的受认可程度。一般来说引用率大的文章质量都较好,文章引用率的大小可以为判断一篇文章质量高低提供参考。三是对文章进行精细化阅读来判断其质量。比如,文章的论述是否有条理,研究是否有相关理论支撑,研究数据的获取是否真实可靠,研究使用的方法是否恰当,研究假设的提出是否符合逻辑,等等。

2.阅读与筛选

收集好文献之后就要进行阅读。在对研究议题有一个初步的认识和判断之后,可以先对所选文章进行粗略的阅读。粗读重点是阅读摘要和结论,以便对文献的大概情况有个大概掌握。通过粗读,研究者可以决定是否需要对文章进行进一步的阅读。一旦决定对选用的文章进行精细化阅读,便要了解文章的研究目的、方法、结果、结论、贡献和局限性。

3.分类与归纳

文献归纳的过程在阅读文章的时候便开始进行了。我们需要根据一定的主题对文献进行分类和归纳。比如,论文用了什么研究模型,采用了什么理论支撑,使用了什么方法,得到了什么结论等。进行文献的分类和归纳,可以借助专门的文献管理软件(如 EndNote)来进行。

4.撰写文献综述

在分类和归纳之后,就可以进行文献综述的撰写了。初次写文献综述时,可找一些相似主题的文献来进行参照模仿。

四、撰写文献综述的注意事项

在撰写文献综述时,需要注意以下事项:

第一,文献综述需要指出该研究主题在进行之前都发现了什么。即要对前人的研究结论进行总结。

第二,是整合而非简单总结现有文献。文献综述要对相关主题、相似结果的文献进行整合,而不是简单总结罗列所有文献。而且整合也要按照一定的逻辑来进行。

第三,文献综述需要说明此前研究的缺口以及填补研究缺口的重要性。只有阐述清楚了这点,才能说明研究的必要性和重要性。

第四,需要说明你的研究如何弥补现有文献的缺口。这是在第三点基础上进行的,这也是阐述论文的研究目的。

第四节 理论框架的撰写

一、理论框架的作用

撰写完文献综述之后,就要撰写理论框架了。这部分是要撰写论文的理论基础是什么,以及研究假设是如何提出来的。

在论文撰写过程中,通常需要构建一个理论模型。理论模型旨在帮助读者快速理解论文中使用的主要理论以及度量的主要概念,明确构念之间有着怎样的关系。另外,理论模型能够以清晰、简洁和可视化的方式描述作者的研究内容。

二、构建理论模型

构建理论模型主要包括三步。

(1)确定构念。理论模型是由构念构成的,在研究中往往将构念视为变量。首先需要找出研究中哪些是关键的构念,这些构念的内涵是什么。接下来,需要确定构念所扮演的角色。比如,哪个构念是自变量,哪个构念是因变量,哪个构念是中介变量/调节变量等。

(2)确定构念之间的关系,提出研究假设。阐述清楚构念之间的关系,比如它们之间的关系是直接的还是间接的,是正相关还是负相关。理清楚构念之间的关系后就可以提出研究假设了。

(3)绘制理论模型图。需要将之前提到的内容通过理论模型图呈现出来。理论模型图由构念以及反映构念之间关系的箭头组成。图11.1就是一个绘制好的理论模型图。

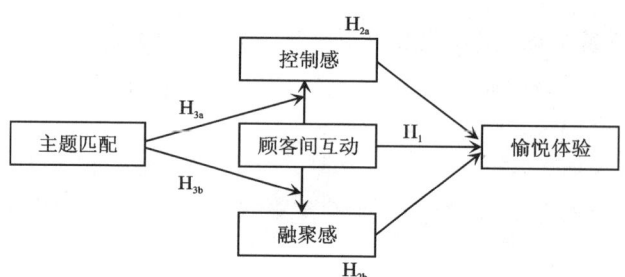

图11.1 理论模型和研究假设

三、研究假设的撰写

图11.1是刘容和于洪彦(2017)提出的理论模型。这个模型中涉及5个构念,即5个变量。从这个模型图中,我们可以大致了解研究的内容。这个研究中自变量是顾客间互动,因变量是愉悦体验,两个中介变量分别是控制感和融聚感,还有一个调节变量是主题匹配。这个研究探究的是顾客间互动对愉悦体验的影响,这种影响是通过控制感和融聚感实现的,而这种影响还会受到主观匹配的影响。

几个研究假设也可以相对应地提出。研究假设 H_1：顾客间互动正向影响愉悦体验。这是只涉及自变量和因变量的研究假设的典型提法，句式通常是"xxx（自变量）正向影响 xxx（因变量）"或"xxx（自变量）对 xxx（因变量）有正向影响"。

研究假设 H_{2a}：控制感在顾客间互动和愉悦体验之间的关系中起中介作用。研究假设 H_{2b}：融聚感在顾客间互动和愉悦体验之间的关系中起中介作用。这是涉及中介变量的研究假设的典型提法，句式通常是"xxx（中介变量）在 xxx（自变量）和 xxx（因变量）的关系中起中介作用"。涉及中介变量的假设的提法还有"xxx（自变量）通过 xxx（中介变量）对 xxx（因变量）产生影响"。

研究假设 H_{3a} 和 H_{3b} 是涉及调节作用的研究假设。涉及调节作用的研究假设要具体说明在调节变量的不同情况下，自变量和因变量的关系有什么不同。这篇研究中的 H_{3a} 是这样描述的："主题匹配调节了控制感在顾客间互动与愉悦体验之间关系的中介作用，即与主题匹配程度低时相比，在主题匹配程度高的情况下，控制感在在线品牌社区顾客间互动与愉悦体验之间关系所起的中介作用较大。"这里的假设不单单涉及调节作用，还涉及中介作用，实际上是一个有中介的调节作用的假设。

现在我们来阐述一个简单的涉及调节作用的研究假设的撰写。对图 11.2 中的调节作用的假设进行阐述。我们可以这样阐述："主题匹配调节了顾客间互动对愉悦体验的影响。在主题匹配程度高的情况下，顾客间互动对愉悦体验的影响较大；在主题匹配程度低的情况下，顾客间互动对愉悦体验的影响较小。"或者"顾客间互动对愉悦体验的影响受到主题匹配的调节作用。在主题匹配程度高的情况下，顾客间互动对愉悦体验的影响较大；在主题匹配程度低的情况下，顾客间互动对愉悦体验的影响较小。"涉及调节变量的假设的典型提法是："xxx（调节变量）调节了 xxx（自变量）对 xxx（因变量）的影响。在 xxx（调节变量）的 xxx（调节变量的一种情况）情况下，……，在 xxx（调节变量）的 xxx（调节变量的另一种情况）情况下，……。"或者"xxx（自变量）对 xxx（因变量）的影响受到 xxx（调节变量）的调节作用。在 xxx（调节变量）的 xxx（调节变量的一种情况）情况下，……，在 xxx（调节变量）的 xxx（调节变量的另一种情况）情况下，……。"

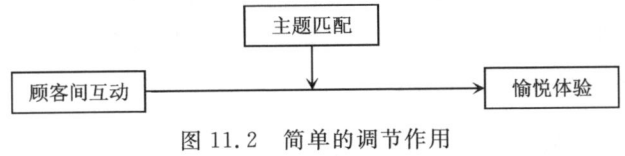

图 11.2　简单的调节作用

第五节 研究方法的撰写

一、研究方法的撰写过程

研究方法的撰写需要阐述以下四个方面的内容。

第一,需要阐述清楚具体的研究方法。比如使用问卷调查法时,要阐述清楚具体什么方式的问卷调查法,是网络问卷调查还是现场问卷调查。使用实验法时,要阐述清楚具体的实验设计是什么样的。是被试内设计还是被试间设计,等等。

第二,要阐述清楚主要变量的测量方法。即阐述清楚每个变量是如何测量的。如果是用量表测量,需要阐述清楚量表的题项来源和具体的题目,如果是使用其他方法测量,也需阐述清楚具体的测量方式。

第三,阐述清楚研究的具体步骤。即将数据收集的步骤阐述清楚。这部分的表述要达到能够让读者跟着步骤一步一步地进行研究的效果。

第四,要阐述清楚抽样的具体过程。即阐述清楚怎样找到调查对象来参加这个研究的过程。包括怎样确定调查群体,怎样接触调查群体,怎样吸引/说服调查对象参与到研究中来等过程。

二、问卷调查法的撰写

问卷调查法的撰写需要阐述清楚以下内容。

第一,要阐述清楚具体的问卷调查法。如,是网络调查还是现场调查。问卷的主要内容有哪些。

第二,样本抽取过程。即阐述清楚怎样找到填写问卷的人的过程。

第三,变量内涵度量。问卷调查法中用量表来测量变量。这部分需要阐述清楚研究中每个变量的内涵,使用的量表和量表题项的来源等。

第四,数据收集过程。这部分需要阐述问卷是如何派发出去,以及如何回收的过程。

第五,信度效度检验。问卷调查法还要阐述清楚所使用的量表的信度和效度如何,需要将量表信度效度检验过程阐述清楚。这部分内容往往是出现在论文的预研究中或者数据分析部分。

三、实验法的撰写

实验法的撰写需要阐述以下内容。

第一,具体的实验设计。我们经常看到文章中提到"2×2 的被试间设计"这类表述,这就是具体的实验设计的表述。

第二,变量的操纵和测量。阐述各个变量是通过怎样的实验设计、实验步骤来进行操纵和测量的。

第三,被试的选取。阐述参与实验的被试是如何被选取出来的,以什么标准、什么途径来招募被试的。

第四,具体的实验步骤。阐述实验过程,以便读者能够复盘整个实验。

第五,操纵性检验。操纵性检验是指检验实验中的变量(主要是自变量)的操纵是否成功。如果没有操纵性检验,在因变量未出现预期反应时,研究人员无法辨别是自变量操纵未能对研究对象产生影响,还是自变量操纵有效但自变量不能对因变量产生影响。

第六节 数据分析的撰写

一、数据的整理

数据分析是阐述研究中重要的数据分析过程和结果。在进行数据分析之前,需要先对数据进行整理。数据整理包含 3 个方面:第一,研究中总共收集了多少份数据。第二,收集的这些数据中有多少是有效数据,占比是多少。第三,有效数据的筛选标准是什么。总的来说,数据整理部分是对数据进行筛选,将不合格的数据剔除出去。

二、样本概况的撰写

样本是指参与研究的人或组织。这部分是对参与调查的人或组织的总体情况的阐述。需要注意的是,也包括对有效数据的样本情况的概述。

第一,需要阐述样本的来源。比如需要阐述样本是通过什么渠道获得的,如网络、现场调查、广告招募等。研究者需要契合研究目的阐述清楚样本的选择标准。

第二,需要阐述样本的特征。比如样本的性别、年龄、学历、职业、收入等情况。如果调查的是企业,企业的规模、行业、性质等。读者往往通过样本的特征来判断研究结果是否适用于普遍情况。比如,如果参与研究的都是女性,读者就会疑虑研究结果是否适用于男性。

三、变量的描述性统计

描述性统计分析主要包括数据的频数分析、数据的集中趋势分析、数据的离散趋势分析、数据的分布情况、数据之间的相关性五个方面。

第一,数据的频数分布分析。数据的频数分布分析包括频数和频率两个重要指标。频数分布分析主要是用于定性观测值。频数分布分析中常见的统计指标有频数、频率、累积频数、累积频率。

第二,数据的集中趋势分析。在大多数情况下,观测值总是集中出现在某一区域内,呈现出一种趋向中央变化的态势,这种态势称为数据分布的集中趋势。集中趋势的指标主要包括平均数(也称均值)、中位数和众数。平均数表示一系列数据的平均特征的值,它适用于描述单峰和基本对称分布的集中趋势,而不适用于描述严重偏态分布的集中趋势。中位数是指将总体单位的某一数量标志的各个数值按照大小顺序排列,居于中间位置的那个数值。中位数只是考虑中间位置的数据值,所以仅用中位数描述数据会损失很多信息。但它对极端值的影响较小,因此对于偏度较大的数据,中位数比平均数更能代表数据的中心位置。众数是指变量数列中出现次数最多或频率最高的变量值。众数不一定唯一,也不一定存在,且容易受数据波动的影响。在大多数论文中,数据的集中趋势一般用的是平均数,用 M 表示。

第三,数据的离散趋势分析。离散程度指的是一组数据的分散程度或者数据间的差异程度。对于离散程度的度量主要有极差、方差、标准差、离散系数等。极差指的是一组数据最大值和最小值的差,又称全距,它是最简单的测量离散程度的统计值,受极端值的影响很大。标准差指的是总体各单位值对其算数平均数离差平方的算数平方根,标准差的平方即为方差。离散系数则是指数据标准差与其相应均值之比,也称为"变异系数"。在大多数论文中,数据的集中趋势一般用的是标准差,用 SD 表示。

第四,数据的分布形状分析。对于数据的分布形状,主要的度量指标为偏度和峰度。偏度指的是统计数据分布偏斜方向和情况的度量,是统计数据分布对称程度的数字特征。正态分布的偏度为 0,两侧尾部长度对称。当偏度小于 0 时,称分布具有负偏离,也称左偏态,此时数据位于均值左边的比位于右边的少,直观表现为左边的尾部相对于右边的尾部更长。当偏度大于 0 时,则相反。峰度指的是描述正态分布中曲线峰顶尖峭程度的指标。当峰度系数大于 0 时,两侧极端数据较少,比正态分布更高更瘦,呈现峭峰分布。当峰度系数小于 0 时,则两侧极端数据较多,比正态分布更矮更胖,呈现平阔峰分布。

第五,变量之间的相关性分析。我们往往通过相关系数矩阵表来报告各变量之间的相关系数。相关系数大,反映变量之间相关性高,反之则相关性低。

四、数据质量分析

在假设检验之前,我们还要对数据质量进行分析。数据质量分析除了前面提到的实验法中的操纵性检验和问卷调查法中的量表信度效度检验外,还包括同源误差检验和多重共线性检验。

1. 同源误差检验

同源误差(common variance)是指如果变量都由一个人填写,变量即使没有理论关系也会相关。在研究中,同源误差等同于共同方法偏差(common method biases),指的是因为同样的数据来源或评分者、同样的测量环境或项目语境以及项目本身的特征所造成的预测变量与效标变量之间人为的共变。这种人为的共变对研究结果产生严重的混淆并对结论有潜在的误导,是一种系统误差。

共同方法偏差的控制方法分为程序控制和统计控制。程序控制是在研究设计和测量过程中,针对各种可能的方法变异来源,事先加以控制。对共同方法偏差实施程序控制的关键在于找出预测源和效标变量测评的共同之处,然后通过研究设计来消除和减小其影响。具体的控制方法很多,可采用从不同来源获得预测源和效标变量的测评数据、分离预测源和效标变量的测评、改进量表项目、平衡项目顺序、匿名测评等方式减小共同方法偏差(Podsakoff et al.,2003)。统计控制则是通过统计手段,减少方法变异对测验内或测验间研究结果的影响。由于大多数情况下研究者无法识别偏差来源,因此研究者通常只采用 Harman 单因素检验、偏相关法以及潜在误差变量控制法这三类统计方法对共同方法偏差进行检验。

Harman 单因素检验传统的做法是把所有变量放到一个探索性因素分析中,检验未旋转的因素分析结果,确定解释变量变异必需的最小因子数,如果只析出一个因子或某个因子解释力特别大,即可判定存在严重的共同方法偏差。现在更普遍的是采用验证性因素分析,设定公因子数为1,这样可以对"单一因素解释了所有的变异"这一假设做更为精确的检验。尽管 Harman 单因素检验较为简单易行,但是在它的假设中认为只有当单独一个因子从因素分析中析出并解释了大部分的变量变异时,才有理由认为存在严重的共同方法偏差。而大部分研究中存在的共同方法变异为多因素共同作用,因此灵敏度较低。

偏相关分析法的主要原理则是对方法变异来源进行进一步的分析,从而对这些变异来源的可识别性、可控制性做出判断。对于变异来源的识别和测量的方法主要有三种。

(1)分离出可测量的方法的变异来源。这种方法通过直接测量某个方法变异来源,并将其作为统计分析中的协变量,从而使其效应从预测与效标变量中分离出来,实现对这些偏差的控制(Burke et al.,1993)。

(2)分离出一个标签变量。如果一个变量与其他变量均不相关,那它可以作为一个协变量,任何变量与它相关均可认为是共同方法偏差的作用(Lindell and Brandt,2000)。

(3)分离出第一公因子。这种方法的理论假设是探索性因素分析所析出的第一未旋转公因子包含了对共同方法变异的最佳估计,将这个因子从预测与效标变量的相关中分离出来,可以实现对共同方法变异的控制(周浩和龙立荣,2004)。

偏相关分析法直接且便捷,但是偏差来源可能不仅仅是已知的影响因子,可能有其他因素一起造成影响,此时结果可能会产生误差。

潜在误差变量控制法指的是将共同方法偏差作为一个潜在变量,如果在包含方法偏差潜在变量情况下模型的显著拟合度优于不包含的情况,那么共同方法偏差效应就得到了检验。它主要分为两种:一种是无可测方法的方法因素效应的控制,这种方式不需要对偏差来源进行识别,也不需要对误差进行测量,但是由于加入潜在变量,模型可能无法识别(Anderson and Wiliams,1992);另一种是直接测量的方法因素效应的控制,这种方法的优点在于方法因素的测量误差能够被估计并且偏差检验来自对方法因素本身的测量,缺陷是研究者必须能够识别共同偏差的来源并且进行有效的测量(Podsakoff et al.,2003)。

2. 多重共线性检验

在统计分析和预测中,多元线性回归是一种常见并且重要的分析方法。在多元线性回归中,除了因变量和自变量存在相关关系外,自变量之间可能也存在着高度的线性相关,这种现象就是多重共线性。多重共线性指的是线性回归模型中的解释变量之间由于存在精确相关关系或高度相关关系而使模型估计失真或难以估计准确。它的存在会削弱回归系数估计值的准确性和确定性,从而为分析和预测带来很大的失误。

多重共线性的检验方法主要有四种:相关系数检验法、辅助回归模型检验法、方差膨胀因子法和直观判断法。

(1)相关系数检验法。对于有两个解释变量的模型,可以利用两个解释变量之间的相关系数来判断两个解释变量之间是否存在显著的线性关系。一般而言,如果两个解释变量的相关系数比较高,例如大于 0.8,则可认为存在着较严重的多重共线性。这种方法简单易行,但只限于判断两个变量之间的共线性关系,对于多个变量之间的共线性关系则无能为力。

(2)辅助回归模型检验法。解释变量之间存在多重共线性就是至少存在某一个解释变量可以近似地由其他解释变量线性表达。显然,寻找这种线性表达式的方法就是将每个解释变量对其余解释变量进行回归,得到 k 个回归模型(即所谓的辅助回归模型,k 为解释变量的个数),进一步计算出每一个辅助回归模型的可决系数 R^2,如果其中最大的一个 R^2 接近于 1,则模型存在多重共线性,这种方法通常被称为辅助回归模型检验法。辅助回归模型的可决系数 R^2 从本质上来说是某解释变量与其余解释变量间的复相关系数的平方,复相关系数考虑了所有的解释变量,因此比利用简单相关系数进行检验更可靠,但它没有全面考虑到解释变量间线性组合的相关性,因而也不能全面衡量多重共线性问题。

(3)方差膨胀因子法。第 j 个变量的方差膨胀因子的表达式为 $1-R_j^2$ 的倒数。其中,R_j^2 是把第 j 个自变量看成因变量,用其余(k-1)个变量作线性回归所得的决定系数,VIF 越大,R_j^2 越接近 1,说明了第 j 个变量与其他自变量间共线性越强,可以用于检查每个变量受多重共线性影响的大小。

对于方差膨胀因子法,一是当方差膨胀因子越大,则表明解释变量之间的多重共线性越严重;反过来,方差膨胀因子越接近于 1,多重共线性越弱。二是当方差膨胀因子大于等于 10 时,说明解释变量与其余解释变量之间有严重的多重共线性,且这种多重共线性可能会过度地影响最小二乘估计。

(4)直观判断法。使用直观判断法来判断一个模型是否存在多重共线性时,我们可以从以下几个方面入手。首先,可以通过考察参数最小二乘估计值的符号和大小来判断,如果不符合理论或实际情况,说明模型可能存在多重共线性。其次,我们还可以通过增加或减少解释变量,变动样本观测值,考察参数估计值的变化。如果变化明显,说明模型中可能存在多重共线性。另外,若多元线性回归模型的拟合优度较大,但回归系数在统计上均不显著,即 t 统计量的绝对值过小,说明模型可能存在多重共线性。最后,还有一种情况是在解释变量的相关矩阵中,自变量之间的相关系数较大时,可能会存在多重共线性。

五、研究假设的验证

数据分析部分的最后是阐述对研究假设的验证情况。这是数据分析中最核心的部分。这部分是对论文中提出的研究假设进行数据验证。这部分要阐述三个方面的内容。

第一,阐述清楚使用了什么分析方法来分析数据。是回归分析、方差分析还是结构方程模型等。

第二,要阐述清楚数据结果,特别是跟研究假设密切相关的数据结果。在阐述数据结果时,要将特定的指标阐述清楚,要阐明这些指标的含义。比如,我们常常用来评判结果是否显著的指标是显著性水平 p 值。如果 p 值小于 0.05,则一般表明数据结果显著。

第三,数据结果是否验证了研究假设。根据数据结果,对是否验证了研究假设作出判断。

我们可参照相关的论文来模仿撰写,特别是模仿我们要投稿的期刊的论文。在阐述数据分析时,我们需要用到大量的表格。使用表格时需要注意不要直接摘取分析软件呈现出来的表格,主要是因为这样做会将大量的不重要指标都呈现出来。

第七节 研究总结的撰写

一、研究总结的撰写内容

研究总结是结论与讨论的第一部分,它主要用于解释和评估研究发现,展示研究结果与研究问题的关系。在撰写研究总结时,可以按照以下三个步骤。

第一步,重申研究主题和研究问题及其重要性。这是对论文引言部分的回应。阐述这部分时需要注意篇幅要短,且与引言部分的阐述要有所区别。

第二步,阐述论文的主要结论。这是研究总结的重点。论文的主要结论是针对研究问题的答案。在论文中需要简明扼要地说明本研究得出的结论,不要陈述概念之间推导的细节。

第三步,说明研究中出现的意外发现并分析其原因。论文如果出现一些意外的发现,尤其是有研究假设没有得到数据支持的时候,需要对其进行解释。在解释意外发现时,可以考虑抽样的方式、样本量的大小以及变量的测量方式等。在阐述原因时,应尽可能详尽。

总之,在撰写研究总结时,在重申研究问题的基础上,简要说明论文的主要研究结论。在撰写意外发现时,应详细分析意外研究结果出现的原因及意义。

二、撰写研究总结时的注意事项

第一,不要重复叙述数据分析结果中说过的内容。研究结论与结果是存在差别的。研究结论要简明扼要地说明变量之间的关系,而结果是指数据分析得到什么结果,是否支持研究假设。

第二,不要引入新的结果。在研究总结部分不应当出现在数据分析部分没出现的结果。如果出现了则会让读者感到困惑。

第三,避免使用新的术语或未被定义的概念。研究论文需要前后照应,在结论与讨论部分出现的任何概念都应该在文章的引言、文献综述、理论框架与假设推演、数据分析部分进行过定义,切忌引入新的概念。

第四,可以介绍相似结论的研究,但不要过度延伸。介绍相似结论的研究可以增加本研究的可靠性。但过度延伸相似文献可能会让读者认为这个研究没有创新点。

第八节 理论贡献和实践启示的撰写

一、可能的理论贡献

这部分内容主要是阐述本研究的意义,包括理论意义和现实意义。一个研究可能存在的理论贡献包括以下 5 个方面。

第一,构建了一个新的理论。当理论贡献在于构建新理论时,作者需要清楚地阐述理论中存在的关键概念、原则以及构念之间的关系,以方便后面的研究者对理论进行验证。这类贡献的原创性很强,但往往大部分研究难以达到这种贡献。

第二,颠覆了现有理论的基础假设。当一个研究结果与理论的基础假设冲突时,可能挑战了现有理论。这也是一个重大的理论贡献。在试图做这种理论贡献时,作者需要选择特定的情境,样本量要足够大,这样才能说服人。

第三,为现有理论应用提供更多的边界条件。这类理论贡献侧重于揭示理论的适用情境。很多研究中探究了新的调节变量,就是着眼于这种理论贡献。

第四,打开现有研究中某些关系的中介机制。这类理论贡献侧重于探讨理论构念之间的中介作用。在描述这类理论贡献时,作者需要先说明现有研究未清楚揭示某两个理论构念之间的中介机制,并且揭示二者之间的中介机制有助于推动理论发展。

第五，同时揭示边界条件和中介机制。这类理论贡献侧重于同时回答理论的适用条件和探讨理论构念之间的中介作用。即在原有理论基础上同时加入调节变量和中介变量来进行研究。现有的被调节的中介或被中介的调节的理论模型都是属于这个理论贡献的区域。

大部分研究的理论贡献是第三、第四和第五。值得注意的是，探讨理论贡献时，还要明确未获得支持的假设的相关理论意义。

二、理论贡献撰写常出现的雷区

第一，重复讨论和总结研究结果，对理论意义探讨较少。这里要注意研究总结和理论意义的区别。研究总结叙述的重点是回顾研究中出现的主要结果。理论意义叙述的重点是解释为什么这些发现很重要。很多作者在写理论意义时往往只是对结果进行重新排序。这样写是错误的，应该写的是解释这些研究发现是如何填补现有研究空白，并为新的、有前景的研究方向奠定基础。

第二，理论意义过于肤浅，叙述冗余缺乏重点。一篇论文对理论贡献的讨论应该围绕少数几个重要的问题展开，而不是对研究中每一个结果进行理论的延伸。在阐述理论贡献时，作者应当集中精力回应引言中设置的承诺。即理论贡献应与引言中所提到的研究问题和贡献呼应。

第三，过度解读研究结果，超越现有数据撰写理论贡献。这种情况下对理论贡献延伸太远了，难以让人信服。

三、实践启示的撰写

现实意义也称为实践启示，是指研究论文结果在多大程度上给企业管理者、政府管理者提供管理实践建议。在撰写实践启示时，必须基于现有结果情境给相关人员提供建议，不能过度解读研究结果。

管理学研究的实践启示有三个层次。微观层次的研究实践启示的对象通常是企业管理者（包括基层、中层和高层管理者）和企业组织；中观层面的研究实践启示的对象通常是企业组织、行业管理协会；宏观层面的研究实践启示的对象通常是政府管理人员或社会组织。

第九节　研究局限和未来研究方向的撰写

一、研究局限

所有的研究都存在局限性。如果研究者能够如实指出并合理解释局限性，能够显示研究者对整体研究的掌控能力,更容易获得审稿人的信任和好感,从而获得较高评价。因此,研究者有必要在论文中交代清楚研究的局限性。研究者应该清楚地向读者展示自己的研究局限是什么,为什么有这些研究局限,如果读者想要在未来继续进行研究,有什么方法可以克服这些局限性。

常见的研究局限性有以下 5 个方面。

第一,抽样的局限性。在管理学的研究中,往往采取概率抽样的方法来选取参与研究的人员。理论上概率抽样的样本能够代表研究总体,其研究得到的结果可以推广到研究总体。然而,现实情况是抽取的样本不能代表研究总体,往往存在抽样误差。另外,很多情况下研究者会被迫使用非概率抽样的方法进行研究,研究的推广性就更受到局限。

第二,样本量的局限性。研究者在进行一项研究时,如果想要获得精确有效的研究结果,就必须保证具有充足的样本量。如果样本量小,研究者获得的数据就十分有限,有限的数据不足以支撑研究者的研究结果。

第三,文献的局限性。文献回顾是任何科学研究工作的必经步骤,为研究提供坚实的理论基础。然而,并不是所有的研究主题都有充足的相关文献供参考。特别是研究新颖的主题时,很可能会面临文献不足的情况,这时研究者必须提出新的理论来解释研究问题。文献的局限性反而发展了某个领域的空白,研究者应该坦然承认论文存在这种局限性,并指出进一步的研究方向。

第四,数据收集方法的局限性。数据收集方法的局限性往往会限制研究者全面分析研究结果的能力。比如进行问卷调查时,事先没有考虑到收集某个变量的数据,导致后期无法进行相关分析。研究者必须在讨论里提出该研究局限,并提出解决上述问题的方法。

第五,研究者自身的局限性。比如,研究者可能由于各种原因无法获取某些数据。这时,需要研究者说明获取资料过程中的问题和原因。另外,研究者的个人偏见和时间的局限性都会对研究造成影响。但这种局限性往往不会放入论文的讨论中。

二、研究局限的撰写

第一步,指出研究局限。一些研究可能存在许多局限,研究者不必全部探讨。研究者只需指出对论文的结果具有较大影响的局限。这部分的字数应该占研究局限总字数的 10%~20%。

第二步,解释研究局限。研究者在指出研究局限后,需要从三个方面解释研究局限:一是解释研究局限对研究结果和实际应用的影响;二是解释为什么知道有局限性但仍然采取该研究方法;三是解释为什么论文存在局限性的情况下,其研究结果仍然是有效的。其中,第三个方面最为重要。因为研究者要让读者相信这些局限性不会降低论文的质量,也要证明研究者在研究过程中所做的选择是正确的。这一部分总字数应该占研究局限总字数的 60%~70%。

第三步,提出改善研究局限的建议。在提出并合理解释研究局限性的基础上,研究者还应当提出改善这些研究局限的建议。但这部分也应当简写,这部分的字数应当占研究局限总字数的 10%~20%。

三、未来研究方向的撰写

在撰写完研究局限之后,研究者就需要进一步拓展未来研究方向。未来研究建议可从以下 6 个方面着手。

第一,基于未预料到的结果拓展未来研究方向。在研究中,可能有些结果是研究者最初未预料到的。未预料到的结果可以作为发展新知识的契机。研究者有必要简单地描述这些未预料到的结果是什么,并提出关于继续探索这些未预料到的结果的建议。

第二,基于未解答的问题拓展未来研究方向。有的研究中可能会遗留一些问题没有解答,这些未解答的问题可以在后续的研究中进行探究。研究者需要简要地描述研究问题中未解答的问题有哪些,并提出一些未来可以尝试解决这些未解答问题的方法或途径。

第三,基于现有局限拓展未来研究方向。研究者根据论文的研究局限提出相应未来研究建议,这是撰写未来研究方向部分最简单和最快的方法。比如,研究中样本量不充足导致样本不能很好地代表总体。那么,研究者的未来研究建议可以是进一步扩大样本量。

第四,未来研究可检验本研究中提出的理论模型。这是针对定性研究提出的。有的定性研究中,通过文献回顾提出了理论模型,却没有对该模型进行检验。这种情况下,研究者可以号召其他研究者在未来研究中,检验该研究模型在现实中是否适用,在什么情况下适用。

第五,在新的环境或文化中检验研究中提出的概念模型。有时,研究者不仅会在论文中构建一个概念框架或理论模型,还会在研究中对其进行检验。对于这种情况,未来的研究可以在新的环境、地点或文化中检验该概念框架或理论模型。需要注意的是选择新环境、地点或文化的合理性。

第六、扩展现有理论模型。如果研究者已经构建并检验了理论模型,那么未来研究可以聚焦与扩展现有的理论框架。常见的方法有向理论框架中加入调节变化或中介变量,检验现有理论模型的边界条件或发生机制;检查理论框架中含有的但没有重点关注的构念(或变量);进一步检查理论框架中某一个特定关系。

最后需要强调的是,所有关于未来研究的建议必须建立在研究结果或者以往文献基础上,以保证其合理性。

第十节 论文的标题、摘要和关键词

一、论文的标题

论文标题是论文的眼睛和旗帜,它揭示研究主题,直接体现论文的中心内容。要使读者在数以万计的文章中注意到你的论文,一个好的标题至关重要。

第一,标题应该以简洁、确切的词语反映文章的主旨。论文标题要简洁明了,避免歧义。避免使用非公认的缩写词、字符、代号等。

第二,标题的字数不宜过多,最好不超过 20 个字。超过 20 字的标题就显得题目太冗长。

第三,论文的标题要揭示论文内容,与论文内容的风格相一致。

第四,论文标题要吸引读者,引起读者的阅读兴趣。

二、摘要和关键词

论文的摘要是对论文主要内容的简要概括,因此摘要要做到非常精简。很多作者将摘要写成了引言的模式,通篇在介绍论文研究的背景和目的,这显然是对摘要的误解。摘要包含的内容是研究的问题、目的、方法和主要结果。一篇摘要要将这四个方面的内容阐述清楚。摘要从形式和内容上看应该是一篇完整的短文,我们可以把它看作是一篇浓缩版的论文。论文摘要也有一些格式规范。在摘要中不要出现图表、公式和非公认的符号和术语。当然,很多期刊有自己的摘要要求,后期在投稿时要按照期刊的要求来重新撰写。

论文的关键词是为了方便文献检索而选取的能够反映论文主题内容的词语和词组。我们可以将关键词理解为一篇论文的特征词,我们在选取关键词时就要考虑哪些词或词组可以反映出我们论文的特征。论文的关键词一般选取的是论文的关键变量、论文中出现频率高的词或者是论文标题中的词。论文的关键词不能太多,一般选 3~5 个关键词。

主要参考文献

陈晓萍,徐淑英,樊景立. 组织与管理研究的实证方法[M]. 北京:北京大学出版社,2010.

贺建风,刘建平,舒晓慧. 抽样调查中无回答误差控制的研究[J]. 统计与决策,2008(5):162-163.

刘明. 多重共线性的解决:剔除变量的新标准[J]. 统计与决策,2013(5):82-83.

刘容,于洪彦. 在线品牌社区顾客间互动对顾客愉悦体验的影响[J]. 管理科学,2017,30(6):130-141.

杨学儒,董保宝,叶文平. 管理学研究方法与论文写作[M]. 北京:机械工业出版社,2020.

周浩,龙立荣. 共同方法偏差的统计检验与控制方法[J]. 心理科学进展,2004,12(6):942-950.

ANDERSON S E, WILLIAMS L J. Assumptions about Unmeasured Variables with Studies of Reciprocal Relationships: The Case of Employee Attitudes[J]. Journal of Applied Psychology,1992,77(5):638-650.

BROWN R B. Doing Your Dissertation in Business and Management: The Reality of Researching and Writing[M]. London: Sage, 2006.

BURKE M J, BRIEF A P, GEORGE J M. The Role of Negative Affectivity in Understanding Relations between Self-reports of Stressors and Strains: A Comment on the Applied Psychology Literature[J]. Journal of Applied Psychology,1993,78(3):402-412.

HUFF A. Learning to Be a Successful Writer[M]// PARTINGTON D. Essential Skills for Management Research. London, UK: Sage. 2002.

LINDELL M K, BRANDT C J. Climate Quality and Climate Consensus as Mediators of the Relationship between Organizational Antecedents and Outcomes[J]. Journal of Applied Psychology. 2000,85(3):331-348.

PODSAKOFF P M, MACKENZIE S B, LEE J Y, et al. Common Method Biases in Behavioral Research: A Critical Review of the Literature and Recommended Remedies[J]. Journal of Applied Psychology,2003,88(5):879-903.

第十二章 论文投稿与发表

论文写作完成之后,我们就需要进行投稿并期望它能够发表。论文如果能够发表,表明研究成果在一定程度上得到了认可。论文能否发表最终取决于研究是否做得好以及论文是否撰写得好。这就要求我们在整个的研究过程中,都要做到精益求精。然而,即使我们前面都做好了,论文发表也可能会出现问题。很多研究者在论文的投稿与修订阶段可能没做好,从而导致论文发表遇到困难。本章的目的是对论文投稿和修改中的注意事项进行说明,助力读者论文的发表。

第一节 论文投稿

一、按规范性修改论文

在论文投稿之前,我们要先对论文进行修改,让其符合期刊的规范性要求。

我们首先要选择一个投稿的期刊。在选择投稿期刊时,我们要选择符合论文内容的期刊。搜索研究主题都发表在什么期刊上,或者看引用的主要参考文献都发表在什么期刊上。如果时间充裕,可以优先投稿高级别的期刊,再投稿低级别的期刊。这样安排有利于论文发表在更高级别的期刊上。

投稿的期刊选好之后,就要按期刊的规范来修改论文。首先要对论文的结构进行调整。各个期刊的论文结构会有一些差别。其次,对参考文献格式进行修改。很多期刊的参考文献格式要求是不一样的,每次投稿前都需要按期刊的要求修改参考文献格式。最后,按其他的要求一步步修改。期刊可能还会有字数限制、图表格式要求等。

通常,我们可以从期刊官网下载"投稿说明",按照要求一步一步修改。也可以从该期刊下载一篇最新的论文,按照该论文的格式进行修改。投稿之前的论文修改一定要有耐心,做到满足所有规范性要求为止。

二、论文投稿的学术道德

在论文投稿时,还要符合学术道德规范,防止学术不端行为出现。常见的学术不端的行为会出现在以下五个方面。

第一,数据处理方面。论文中的数据必须保证其真实性和完整性。应当真实地记录和保存原始数据。千万不要去捏造数据或篡改数据。捏造数据是指研究人员没有做过某个实验、调查或观察,却谎称做过,而进行数据编造。常见的篡改数据行为包括:删除不利数据,添加有利数据,夸大实验次数,夸大样本量等。捏造数据和篡改数据都是学术不端行为。

第二,论文的引用方面。在撰写论文时,应当指出那些从别处得到的思想、概念、以及建议和帮助,否则就构成了剽窃。不仅照搬他人的观点、实验数据、结果是剽窃,抄袭他人的语句也是剽窃。我们在引用别人的观点时,必须用自己的语言进行表述。现在已经有专门的软件来检查是否存在剽窃问题,即查论文的重复率。一般期刊会要求重复率在10%以下或15%以下。

第三,论文署名方面。学术研究的开展和论文的撰写往往都涉及诸多参与者,但只有真正参与了论文数据收集、写作、有贡献的人才能署名。作者出现的顺序的国际惯例是对该论文的工作做了最直接主要的贡献的作者为第一作者,其余人员按贡献大小排序。论文中出现的任何结论都必须是所有作者一致同意的,如果某个作者存在不同意见,他则可以退出署名,并撤销他那一部分的文章。

第四,论文的投稿方面。在论文的投稿中,容易出现两种学术不端的情况,即一稿多投和二次发表。一稿多投指的是同一篇论文(或内容相近的论文)向两种或两种以上的期刊同时或相继投递。二次发表是指使用同一种语言或另外一种语言再次发表,尤其指使用另一种语言在另一个国家再次发表。这两种都是比较严重的学术不端行为,大家要避免。

第五,学术履历撰写方面。在向一些期刊进行投稿时,会要求附上作者的学术履历。学术履历的撰写不能刻意拔高作者的学术水平,捏造学术成果。

三、投稿流程

按拟投稿期刊的要求修改好了论文后,就可以投稿了。管理学期刊一般的审稿流程如下。

1. 提交稿件

首先,研究者需要提交稿件。常见的提交稿件的手段有网络投稿、电子邮件投稿和邮递投稿。现在比较普遍的是在期刊的官网网络投稿。这里一定要注意,不要找错了期刊官网,现在网络上很多假的期刊官网,大家要擦亮眼睛。按照期刊的要求在投稿时提交必要的材料。

2. 评审过程

提交稿件之后,就进入到评审阶段了。一般评审包括 3 个阶段。期刊在收到稿件后先由编辑部进行审核,主要审核来稿资料是否齐全,是否按期刊要求进行了编辑,稿件内容是否在期刊的收稿范围,稿件内容质量是否达到期刊发表要求。编辑部一般会在收到稿件一周内进行处理。处理有两种结果,即被退稿或进入外审。外审阶段时间往往比较长,短则一个月,长则几个月。外审阶段往往是期刊编辑部将稿件发给 2~5 名审稿人进行评审。这个阶段也称为同行评审。外审结束之后,审稿人会将审稿意见返还给编辑。这个持续时间较短。编辑部会整合审稿人的意见和编辑部的判断发出决定函。

3. 决定函(审稿意见)

经过评审的稿件有五种可能的结果:直接接受、小修后接受、大修后接受、修改并重新投稿、拒绝。直接接受是指不需要经过任何修改,接受发表原始论文,很少有论文可以收到这个决定。小修后接受是指论文需要经过较少的改动就能被期刊接受,小修后接受的论文可能不需要经历再次审稿,一般期刊编辑会自己检查后做决定。大修后接受是指编辑认为论文需要大幅度修改而做的决定,修改后的论文一般需要再送外审。修改后重投是指编辑拒稿,但愿意在作者进行修改的前提下接受重新投稿。拒绝是编辑决定论文无法发表在该期刊上。

4. 修订

接到期刊的审稿意见后,作者首先应该仔细阅读并分析编辑和审稿人的审稿意见,以便确切了解编辑和审稿人的关注点与批评。接着要对每一点审稿意见进行有效而认真的回应。作者应该不断地修改直到修正了所有审稿人提出的问题为止。最终的文章应该有更明确的重点、更清晰定义的概念、更强理论支持的研究假设、更严谨的研究方法以及更充实的讨论内容。

5. 重新投稿

修订好文章后,作者需要再次向期刊投递。期刊编辑会对文章进行再次审议,可能还会进行外审,或者提出新的修订意见。直到达到编辑认为可以发表的程度为止。

第二节 外审回应方法

一、修订原稿前的准备工作

收到期刊对文章进行修改的决定函后,就要开始修改稿件了。在修订原稿前,我们需要做一些准备工作。首先,我们需要仔细阅读分析决定函及审稿人给出的逐条意见,以便确切了解论文中的不足和缺陷以及需要改进的地方。然后,对意见进行整理并对论文进行修改。我们可以尝试以下几种方式:一是每天修改一点。将所有意见进行分解,每天逐步解决。二是先放置半个月,再动笔修改。这是很多投稿人都会采取的一种办法。投稿人需要先花费一段时间来思考如何进行修改和回应。在对问题的解决方式有了大致的方向之后,再着手于文稿的修改。三是首先集中精力攻破难关,再解决简单问题。如果能够集中精力尽快解决最主要、最困难的问题,那么其他问题也将迎刃而解。四是将审稿人和编辑的意见分担给所有作者。每位作者只需完成自己那一部分的意见修改,这种方法所花费的时间较短,并且每条意见都可以得到足够的分析整理和解释修改。但是这种方式的缺陷是不同的作者风格不一样,并且可能有的作者会延误而导致整个修改稿无法如期完成。这就要求有一位负责的作者来督促所有作者按时完成修改,并进行统稿。

二、修订原稿

在修订原稿时,一方面要根据评审人的意见来进行修改,一方面还要保持论文的完整性和流畅性。

除了修订原稿之外,我们还需要用另外的文档以问答式——列出所有的评论意见并且作答,这就是"回应评审员意见"。在对评审员的意见进行作答时,要表达对审稿人的尊重,并迁就他们所提出的意见。对于审稿人给出的一些理解错误的建议,我们要坚持自己见解的同时,可以换种表达方式,争取说服审稿人。在"回应评审员意见"文档中,我们需要说明针对这些意见,原稿中哪里做了修改,修改后的内容是什么。"回应评审员意见"的文档是所有审稿人都可以看见的,因此必须要诚恳地回答来获得其他审稿人的好感。

作者对于审稿人的意见可以表达不同的看法,但一定不要频繁。作者应该在回复中体现出对审稿人反馈的看重,并认真思考了每一条建议。作者应当努力与审稿人合作,让编辑和审稿人看到文章中的闪光点。

三、撰写回复并提交

在向编辑提交文件之前,作者需要再将编辑的信仔细阅读,确保已经考虑到了所有的评论并对所有的检验做出了回应。再认真阅读一遍修改稿,确保语言是准确的,所有被提醒的地方都做了修改。

在向编辑提交文件之时,除了修改稿和回应评审员意见,还可再附上一个附件——"回复",在这个附件里要感谢编辑及审稿人的宝贵意见,表明作者已经认真按照审稿人意见一一做了回答和修改,感谢编辑和审稿人的帮助。这个回复的附件会使编辑和审稿人更为舒心。

最后,再按照期刊的要求进行提交。提交之后又进入下一轮的外审以及对外审的回应了,直到论文最后被接受或被拒绝为止。

论文的发表需要漫长而艰辛的等待,希望研究者们能够保持乐观向上的心态。也许你觉得自己"不够好",无法发表学术论文。也许你认为如果你写了一篇论文,它会被拒绝。首先,需要注意的是,即使是最知名的研究者也会收到退稿信,因此,作为该领域的新手,如果你收到退稿信,这并不是世界末日。其次,你可以从审稿人反馈的评论中学到东西,要记住,他们的评论不是针对个人的,而是对所提交的论文进行建设性的批评,你可以根据反馈的内容进行修改。最后,好的论文一般不是一次性完成的,而是在反复多次的修改中逐步形成的,希望研究者们能够保持乐观,并学会在"失败"中成长,写出一篇更好的文章。

主要参考文献

陈晓萍,徐淑英,樊景立. 组织与管理研究的实证方法[M]. 北京:北京大学出版社,2010.

杨杜. 管理学研究方法[M]. 3版. 大连:东北财经大学出版社,2019.

杨学儒,董保宝,叶文平. 管理学研究方法与论文写作[M]. 北京:机械工业出版社,2020.